_____ 님께

작은 마음의 위로를 담아 당신께 드립니다.

살아있는 모든 것들에게 전하는 감사의 기쁨

이해인 산문집

꽃이
지고 나면
잎이
보이듯이

이해인 쓰고 황규백 그리다

샘터

이 책을 위해 글을 써 주신다는 약속을 못 지키고 가셨기에
이제는 마지막이 되어 버린 이 편지로 서문을 대신합니다.

사랑하는 이해인 수녀님

그리던 고향에 다녀가는 것 처럼
마음의 평화를 얻어 가지고 돌아갑니다.
내년 이맘때도 이곳 식구들과 쑥국면을
(그때는 따뜻한) 같이 먹을 수 있기를, 눈에
밟히던 꽃과 나무들이 다 그 자리에 있어
다시 눈 맞출 수 있기를 기도하며 살겠습니다.
당신은 고향의 당산나무입니다. 내 생전에
당산나무가 시드는 꼴을 보고 싶지 않습니다.
나는 꼭 당신의 배웅을 받으며 이 세상을
떠나고 싶습니다. 더도 말고 덜도 말고 나보다
는 오래 살아 주십시오.
주여, 제 욕심을 불쌍히 여기소서.

2010. 4. 16
박완서

꽃이 지고 나면 잎이 보이듯이

● 차례

여는 글_ 보물찾기 하는 마음으로 매일을 살며 · 10

제1장
꽃이 지고 나면 잎이 보이듯이
일상의 나날들

감탄사가 그립다 · 16
따뜻한 절밥 자비의 밥상 · 18
꽃이 지고 나면 잎이 보이듯이 · 22
봄편지 1_ 나의 마음에도 어서 들어오세요, 봄 · 27
봄편지 2_ 삶은 사랑하기 위해 주어진 자유 시간 · 32
스님의 편지 · 36
우리 집에 놀러 오세요!_ 회갑을 맞은 김용택 시인에게 · 43
서로를 배려하는 길이 되어서 · 47
불안과 의심 없는 세상을 꿈꾸며 · 51
윤동주의 하늘과 바람과 별과 시 · 56
어머니를 기억하는 행복 · 63
11월의 편지_ 제 몫을 다하는 가을빛처럼 · 68
나를 기쁘게 하는 것들 · 72
12월의 편지_ 지상의 행복한 순례자 · 77

제2장
어디엘 가도 네가 있네
우정일기 · 83

제3장

사계절의 정원
수도원일기 · 111

제4장

누군가를 위한 기도
기도일기

3월, 성 요셉을 기리며 · 158
부활 단상 · 160
5월 성모의 밤에_더 많이 울어 주십시오 · 166
사제를 위한 연가 · 171
어느 교사의 기도 · 174
군인들을 위한 기도 · 177
어느 날 병원에서_의사 선생님께 · 182
고마운 간호천사들께 · 185
세상의 모든 가족들이_가정의 달에 바치는 기도 · 188
휴가를 어떻게 보내냐구요?_휴가 때의 기도 · 192
예수님의 이름을 부르는 것만으로도_성탄 구유예절에서 · 196
용서하십시오_조그만 참회록 · 201
감사하면 할수록_송년 감사 · 205

제5장
시간의 마디에서
묵상일기 · 209

제6장
그리움은 꽃이 되어
추모일기

5월의 러브레터가 되어 떠나신 피천득 선생님께 · 245
그리운 사랑의 바보 김수환 추기경님께 · 251
하늘나라에서도 꼭 한 반 하자고? _김점선 화가 1주기에 부치는 편지 · 257
우리에게 봄이 된 영희에게 _장영희 1주기를 맞아 · 261
사랑으로 녹아 버린 눈사람처럼 _김형모 선생님께 · 265
물처럼 바람처럼…… 법정 스님께 · 269
사랑의 눈물 속에 불러보는 이름 _이태석 신부 선종 100일 후에 · 273
많은 추억은 많이 울게 하네요! _박완서 선생님을 그리며 · 277

닫는 글_ 여정 · 283

부록 고운말 차림표 · 284

● 여는글

보물찾기 하는 마음으로 매일을 살며

세상에 다 드러내 놓고
말하지 못한
내 마음속의 언어들
깨고 나서 더러는 잊었지만
결코 잊고 싶지 않던
가장 선하고 아름다운 꿈들
모르는 이웃과도 웃으며
사랑의 집을 지었던 행복한 순간들
속으로 하얀 피 흘렸지만
끝까지 잘 견뎌 내어
한 송이 꽃이 되고
열매로 익은 나의 고통들
살아서도 죽어서도
나의 보물이라 외치고 싶어
그리 무겁진 않으니까
하늘나라 여행에도
꼭 가져가고 싶어

- 이해인, 〈어떤 보물〉 전문

요즘은 매일이란 바다의 보물섬에서 보물을 찾는 마음으로 매일을 살고 있어 어느 때보다도 행복합니다. 마음의 눈을 크게 뜨고 보니 주변에 보물 아닌 것이 없는 듯합니다. 나 자신의 어리석음으로 이미 놓쳐 버린 보물도 많지만 다시 찾은 보물도 많습니다.

살아 있는 동안은 아직도 찾아낼 보물이 많음을 새롭게 감사하면서 길을 가는 저에게 하늘은 더 높고 푸릅니다. 처음 보는 이와도 낯설지 않은 친구가 되며, 모르는 이웃과도 하나 되는 꿈을 자주 꿉니다.

2006년 펴낸 《풀꽃 단상》 이후 5년 만에 나오는 《꽃이 지고 나면 잎이 보이듯이》 또한 제가 찾은 보물에 대한 작은 이야기들입니다. 그동안 신문 잡지에 실렸던 1장과 4장, 6장의 일부 외에는 근래의 노트에서 새로 뽑아 넣은 것들이며, 오래전 1998~1999년에 복음성서 구절을 되새김하며 적었던 단상들도 들어 있습니다.

저에게 글을 정리할 여유를 주고 책으로 정성껏 묶어 주신 샘터사의 김성구 사장님, 안선희 편집장님과 샘터 가족들 그리고 아름다운 그림으로 함께해 주신 화가 황규백 선생님께도 깊이 감사드립니다. 또한 뜻깊은 덕담을 꽃처럼 얹어 주신 신경숙, 김태원, 주철환 님들께도 고마운 마음을 전합니다.

이 글 모음집을 올해 80주년을 맞는 우리 수도공동체에 바칩니다.

2011년 봄
부산 광안리 바다가 보이는 수녀원에서

제1장

꽃이 지고 나면 잎이 보이듯이
일상의 나날들

아침에 눈을 뜨면 아직 내 심장이 뛰고 있고 숨을 쉬는 것에 대하여 새롭게 감사하고 기뻐한다.
기도 시간에 기억할 사람이 많은 것도, 소박한 상차림이지만 하루 세 끼 먹을 수 있는 은혜를 또 새롭게 기뻐한다.

봄이 오는 수녀원 뜰에서(2009)

감사 예찬

감사만이
꽃길입니다

누구도 다치지 않고
걸어가는
향기 나는 길입니다

감사만이
보석입니다

슬프고 힘들 때도
감사할 수 있으면
삶은 어느 순간
보석으로 빛납니다

감사만이
기도입니다

기도 한 줄 외우지 못해도
그저
고맙다 고맙다
되풀이하다 보면

어느 날
삶 자체가
기도의 강으로 흘러
가만히 눈물 흘리는 자신을
보며 감동하게 됩니다

감탄사가 그립다

　얼마 전 서울에서 부산으로 내려오는 기차 안에서 차창 밖으로 보이는 풍경이 하도 아름다워 나도 모르게 눈물이 핑 돌았다. 초록빛 산과 들, 고요한 강도 아름다웠지만 하늘에 펼쳐진 저녁노을이 장관이어서 나는 속으로만 탄성을 질렀다. 할 수만 있다면 벌떡 일어나 "여러분, 저기 저 노을 좀 바라보세요. 사라지기 전에 어서요!" 하고 큰 소리로 외치고 싶은 심정이었다. 이미 인터넷 문화와 기계문명에 길들여진 우리에겐 하도 놀랍고 신기한 것들이 많아 정작 감탄하고 놀라워해야 할 일에는 무디어진 것 같다. 좋은 것을 보아도, 아름다운 것을 느껴도 우린 그저 당연하고 담담하게 받아들이기에 때론 좀 호들갑스럽게 여겨지더라도 감탄사를 연발하는 사람들이 그리울 때가 있다. -
　사소한 일에도 "어머나!", "어쩌면!", "세상에!" 하는 감탄사를 연발하며 표정이 환해지는 그런 사람들은 무미건조한 일상에 활력을 불어넣어 주며 옆 사람까지 유쾌하게 만든다. 독자나 친지들이 정성스레 마련한 멋진 선물을 받고도 나의 감탄사가 약해 상대를 실망시킨 경험도 있고, 반대로 나 역시 그런 경험을 할 적마다 엷은 슬픔과 허무의 감정에 젖어 들곤 했다.

나의 어머니는 매우 과묵한 편이었지만 감탄사의 여왕이기도 하셨다. 한번은 내가 서울에 간 김에 잠시 들러 후암시장에서 산 꽃무늬 고운 여름이불을 하나 선물하니 "원 세상에! 이렇게 예쁜 이불도 다 있네. 잠이 저절로 올 것 같다!" 하며 기뻐하셨다. 어머니가 날더러 찾아보라 하셔서 50여 년 만에 찾은 내 어린 시절의 소꿉동무와 전화 연결을 시켜드렸을 때는 "정말 반갑네! 하도 오랜만이라 마치 죽음에서 부활한 사람을 만난 느낌이 다 드는구나. 우리 한번 만나야지?" 하셨다.

만나기만 하면 내 태몽과 어린 시절 얘기를 즐겨 들려주시던 어머니의 증언에 의하면 내가 한창 재롱부리던 아기일 적엔 하도 "좋다, 좋다." 손뼉을 치며 즐거워해서 집에 오는 손님들이 "넌 만날 무에 그리 좋으냐?"며 '좋다'라는 별명을 붙인 그 아기를 서로 먼저 안아 주려고들 했다고 한다.

늘상 절제와 극기를 미덕으로 삼는 수도자의 신분이다 보니 그동안 감탄사를 너무 많이 아끼며 살아온 듯하다. 어린 시절의 그 밝고 긍정적인 감탄사를 다시 찾아 나의 남은 날들을 더 행복하게 가꾸어 가야겠다. 한숨을 웃음으로, 거친 말을 고운 말로, 불평을 감사로, 무감동을 놀라움으로 바꾸어 날마다 희망의 감탄사가 끊이지 않는 '좋다' 수녀가 되리라 마음먹으며 활짝 웃어 본다. 《좋은 생각》 2007년 8월호

따뜻한 절밥 자비의 밥상

 요즘 큰절에 가면 보통 식당과 다를 바 없는 서양식 큰 식당에서 공양을 하는데, 식단이 불교적이라고 하더라도 장소가 주는 분위기 때문인지 절에서 밥을 먹는다는 느낌이 그리 크게 들진 않는다. 절에서 먹는 밥은 산 숲의 바람 소리, 새소리를 들으며 나무 향기 나는 앉은뱅이 밥상 앞에 둘러앉아 먹어야만 제격일 것 같기 때문이다.
 1980년대 법정 스님께서 불일암에 계실 적에 친구 수녀 두 명과 같이 잘 아는 보살님의 안내로 그곳 손님실에서 하루 묵으며 아침 공양을 한 일이 있다. 우리가 준비한 소찬으로 밥을 먹는데, 둥글고 고운 갈색 발우에 밥을 담아 좀 얌전하고 품위 있게 먹어야 할 것을 나는 다른 사람들과 달리 고추장까지 달라고 하여 산나물을 넣고 쓱쓱 비벼서 씩씩하게 먹었더니 스님이 이런 내 모습에 놀라셨는지 내게 '대식가'라는 별칭을 붙여 주셨다. 사실 밥의 분량은 다른 사람들과 똑같고 남보다 더 먹은 게 아니었기에 지금까지 억울하게 생각하고 있다.

'반찬은 간소하게! 세 가지를 넘기지 않게!'라고 조그만 부엌 한 모서리에 적혀 있는 글귀를 보며 '우리 수녀원하고 같네! 반찬이 많아야 서너 가지니까.' 하고 생각했던 기억도 새롭다.

또 하나는 영주 부석사에 갔을 때 먹었던 절밥이다. 몇 년 전 봄, 늘 듣기만 하고 한 번도 가 보지 못했던 부석사에 안동 사는 몇 명의 성당 자매들과 함께 가게 되었다. 산수유꽃이 피어난 절 마당에는 사람들이 많았고, 절의 아름다움을 둘러볼 겨를도 없이 우리는 먼저 커다란 온돌방으로 안내되었다. 마침 그날이 주지 스님의 생신이라 절에 오는 모든 사람들에게 점심 공양의 혜택이 주어지는 기쁨의 잔치가 열리는 순간이었다.

고급스런 찰밥과 미역국, 여러 종류의 나물과 김치와 튀김이 차려진 식탁에 안내되었을 때 나는 그만 공양을 시작도 하기 전에 내 몫의 미역국을 몽땅 검은 수도복에 쏟아 버리는 실수를 저질렀다. 부끄럽게도 모든 사람의 시선이 나에게 쏠렸다. 보살님들의 안내로 부랴부랴 부엌에 들어가 물수건으로 국물을 닦아 냈지만 그날따라 미역국에 특별 양념을 했는지 좀체 지워지질 않아 힘들었던 기억이 난다. 사람들이 너무 많아 어수선하긴 했어도 다시 들어가 먹는 밥이 얼마나 맛이 있었는지 잊을 수가 없다.

우리 일행은 다섯 명이었는데 그중에는 나의 글을 좋아하던 애독자 아줌마도 있었다. 그 일로 "겉으로 보기엔 깔끔하고 빈틈없을 것 같아 보이던 수녀님이 국을 쏟으며 당황하던 그 순간 저는 수녀님에게 더 인간적인 푸근함과 정겨움을 느꼈답니다." 하는 러브레터까지 받게 되어 그와는 종종 부석사 이야기를 하며 가깝게 지내고 있으니 절에서 국을 쏟은 사건조차 축복이 된 것 같다.

자주는 아니지만 요즘도 어쩌다 절에 가서 공양을 할 기회가 있으면 나는 조금 긴장이 된다. 또 덤벙대다 국물을 쏟지는 않을지, 불자들이 보는 데서 우아하게 밥을 먹어야 할 천주교 수녀가 너무 빠른 속도로 평소의 분량보다 더 많이 먹게 돼 흉이나 잡히진 않을지……. 그래서 요즘은 절에서 공양의 기회가 오더라도 되도록 멀찍이 떨어져 방관하다 조심스럽고 얌전한 모습으로 공양하려고 노력 중인데 뜻대로 잘 될지 모르겠다.

옆에 스님들이 계시면 더욱 주눅이 드니 많이 먹고 싶어도 소식(小食)을 하는 척 양을 줄여 보기도 한다. 얼마 전 병원에 가니 나의 위(胃)에도 몇 가지 문제점이 드러나 더 이상 '대식가' 노릇도 못 하게 생겨 유감이다. 아무리 절제를 기본으로 해야 하는 수행자라도 밥만은 아주 복스럽고 맛있게 먹어야 보기가 좋고 옆에서도 부담을 덜 느낄 것이다. 밥상에서는 너무 드러나지 않게, 남이 눈치채지 않게 아주 조금씩 절식하는 노력이 더 아름답다고 본다. 나는 공양 시간이 되면 나그네에게도 너그럽게 열려 있는 절 문화를 사랑한다. 그리고 절에서 한번 밥을 먹고 싶다는 외국 손님들을 데리고 가도 마다하는 일 없이 환대해 주시는 스님들을 많이 알고 있어 행복하다.

이 음식이 어디서 왔는고
내 덕행으로 받기가 부끄럽네
마음에 온갖 욕심 버리고
육신을 지탱하는 약으로 알아
깨달음을 이루고자 이 공양을 받습니다

  읽을 적마다 마음이 겸손하고 따스해지는 〈공양계〉를 오늘도 다시 읽어 본다.
  내가 아직도 살아서 밥을 먹을 수 있는 기쁨을 누림에 감사하면서 밥을 먹는 그만큼 나의 사랑도 깊어지기를 기도해 본다. 내가 절밥을 언제 또 먹게 될지 모르지만 오늘처럼 바람 많이 불고 스산한 날은 정갈하고 푸근해서 좋았던 따뜻한 절밥, 자비의 밥상이 그리워진다.

《불교문화》 2006년 12월호

꽃이 지고 나면 잎이 보이듯이

　여름이 나에게 주는 선물에는 무엇이 있을까 생각해 본다. 밝고도 뜨거운 햇볕, 몸에서 흐르는 땀, 자주 내리는 비, 크고 오래된 나무들이 주는 그늘과 시원한 바람 한 줄기 그리고 또? 이런저런 생각을 하면서 정원을 거닐다가 꽃이 진 자리마다 더 무성해진 초록의 잎사귀들을 유심히 보며 나의 시 한 편을 같이 걷던 동료에게 읊어 주었다.

　"지난봄부터 초여름에 이르기까지 늘상 꽃들에게만 눈길을 주고 꽃 예찬만 한 것이 왠지 마음에 걸리네요!"라는 나의 말에 친구는 "글쎄 말이에요. 잎사귀들을 좀 더 섬세하게 관찰하면 그런 실수는 안 했을 텐데……. 어떤 수녀는 글쎄 살구 열매가 매실인 줄 알고 모두 따다가 술을 담갔다잖아. 파랗게 익어 가는 모습이 조금 비슷하긴 해요. 그쵸?" 하길래 우리는 함께 유쾌하게 웃었다.

꽃이 지고 나면
비로소 잎사귀가 보인다
잎 가장자리 모양도
잎맥의 모양도
꽃보다 아름다운
시가 되어 살아온다

둥글게 길쭉하게
뾰족하게 넓적하게

내가 사귄 사람들의
서로 다른 얼굴이
나무 위에서 웃고 있다

마주나기잎 어긋나기잎
돌려나기잎 무리지어나기잎

내가 사랑한 사람들의
서로 다른 운명이
삶의 나무 위에 무성하다

-이해인, 〈잎사귀 명상〉 전문

   꽃이 지고 나면 잎이 더 잘 보이듯이 누군가 내 곁을 떠나고 나면 그 사람의 빈자리가 더 크게 다가온다. 평소에 별로 친하지 않던 사람이라도 단점보다는 장점이 더 크게 보인다.

우리가 한세상을 살면서 수없이 경험하는 만남과 이별을 잘 관리하는 지혜만 있다면 삶이 좀 더 행복해지지 않을까? 웬만한 일은 사랑으로 참아 넘기고, 잘못한 일이 있더라도 마침내는 이해와 용서로 받아 안는 노력을 멈추지 않으면서 말이다. 서로의 다름을 비방하고 불평하기보다는 '이렇게 다를 수도 있음이 놀랍고 신기하네?!' 하고 오히려 감사하고 감탄하면서 말이다.

인간관계의 어려움은 우리가 서로의 다름을 못 받아들이는 데서 오는 경우가 많다. 서로의 다름을 머리로는 '축복으로 생각해야지.' 결심하지만 실제의 행동으로는 '정말 피하고 싶은 짐이네.' 하는 경우가 더 많기에 갈등도 그만큼 심화되는 것이리라. 나하고는 같지 않은 다른 사람의 개성이 정말 힘들고 견디기 어려울수록 나는 고요한 평상심을 지니고 그 다름을 아름다움으로 볼 수 있게 해달라고 열심히 기도한다. 꽃이 진 자리에 환히 웃고 있는 싱싱한 잎사귀들을 보듯이, 아픔을 견디고 익어 가는 고운 열매들을 보듯이……。

얼굴과 말씨, 표정과 웃음, 걸음걸이와 취미, 생활습관과 인생관 그리고 살아온 환경이 서로 다른 사람들이 서로를 맞추며 사는 수도원이라는 숲에서 나는 오늘도 다양한 나무들로 걸어오는 동료들을 새롭게 만나고 새롭게 적응하며 살고 있다. 나의 우유부단함은 동료의 맺고 끊는 성품으로 길들이고, 나의 덜렁댐은 동료의 빈틈없는 섬세함으로 길들인다. 나의 날카롭고 경직된 부분들은 동료의 부드러운 친절과 유머로 길들이고, 나의 감정이 넘쳐서 곤란할 적엔 이성적인 동료의 도움을 받는

다. 나의 나태함은 동료의 부지런함에 자극을 받고, 나의 얕은 믿음은 동료의 깊은 믿음에 영향을 받으면서 나는 조금씩 더 착해지고 넓어지는 나를 발견하는 기쁨에 감사한다.

1991년 가을, 수녀회 설립 60주년 기념식수로 우리가 성당 앞에 심었던 느티나무 묘목이 이제는 커다란 그늘을 드리울 만큼 둘레를 넓히며 뿌리 깊은 모습으로 서 있다. 초록빛 잎사귀들을 흔들면서 오늘은 느티나무가 나에게 이렇게 말하는 것을 들었기에 그대로 적어 두며 고마운 마음으로 실천하고자 한다.

마음을 맑게 더 맑게, 샘물처럼!
웃음을 밝게 더 밝게, 햇님처럼!
눈길을 순하게 더 순하게, 호수처럼!
사랑을 넓게 더 넓게, 바다처럼!
기도를 깊게 더 깊게, 산처럼!
말씨를 곱게 더 곱게, 꽃처럼!

한꺼번에 실천하기엔 주문이 너무 많은 것 같아 부담되지만 열심히 노력하다 보면 어느 날 나도 멋진 잎사귀를 흔드는 한 그루 나무가 되어 있으리라. 이렇게 기대해 보는 것만으로도 마음에서 새소리가 들려오는 행복한 여름이다.

《부산일보》 2007. 7. 9.

봄편지 1
나의 마음에도 어서 들어오세요, 봄

고운 말 이름짓기대회에서 입상한 어느 미용실 이름이 '머리에 얹은 봄'이었다는 기사를 보고 참 새롭고도 재미있다고 생각했어요. 마음의 봄은 만들어야 온다는 말을 다시 기억하면서 나의 마음에도 봄을 얹어야지 생각하며 이 글을 씁니다.

봄이 일어서니
내 마음도 기쁘게 일어서야지
나도 어서 희망이 되어야지
누군가에게 다가가 봄이 되려면
내가 먼저 봄이 되어야지
그렇구나 그렇구나
마음에 흐르는 시냇물 소리……

-이해인, 〈봄 일기-입춘에〉 전문

어느 날 저는 이렇게 노래해 보았습니다. 봄은 우리에게 누군가에게 다가가 기쁨이 되고 희망이 되라고 재촉합니다. 그래서 저는 아침에 일어나면 되도록 밝은 마음과 표정을 지니려고 애씁니다. 봄이 왔다고 더 열심히 노래하는 창밖의 새소리도 '사소한 일에 스며 있는 기쁨을 놓치지 말라', '어서 희망을 노래하라'고 일러 줍니다. 하루의 길 위에서 만나는 모든 이들에게 찡그리지 않고 미소를 짓는 것만으로도 기쁨과 희망을 건네는 일이 될 것입니다.

"어머니, 꽃은 땅속의 학교에 다니지요／ 문을 닫고 수업을 받는 거지요"로 시작되는 타고르의 〈꽃의 학교〉라는 시를 읽으며 봄의 정원을 산책합니다. 제비꽃, 민들레, 봄까치꽃, 천리향 등등 여러 종류의 꽃들이 조금씩 피어나기 시작하는 봄 뜰에 서면 봄은 우리에게 좀 더 부드럽고 따뜻하고 친절한 사람이 되라고 일러줍니다. 봄에는 너도나도 약속이나 한 듯이 꽃구경을 하지만 우리 마음을 꽃마음으로 만들고 우리의 자리를 꽃자리로 만들 수 있어야만 우리의 봄은 향기롭고, 꽃놀이도 그만큼 의미가 있을 것입니다.

"꽃에게로 다가가면／ 부드러움에 찔려／ 삐거나 부은 마음／ 금세／ 환해지고 선해지니／ 봄엔／ 아무 꽃침이라도 맞고 볼 일"이라고 말하는 함민복 시인의 〈봄꽃〉이란 시는 얼마나 아름다운지요! 혹시 누구하고 살짝 삐친 일이나 미워서 부은 일이 있다면 시인의 표현대로 어디 가서 부드럽고 아름다운 '꽃침'을 맞고 환하고 선한 마음을 되찾아야 하겠습니다. 가정에서, 사회에서, 나라에서 책임을 맡은 분들은 일부러라도 짬을 내어 '꽃침'을 많이 맞아야만 주변에 더 환하고 선한 봄을 퍼뜨릴 수 있을 것 같습니다.

"정다운 3월아, 어서 들어오렴. 빨리 달려오느라 얼마나 숨이 차겠니? 나와 함께 2층으로 올라가자. 난 네게 할 이야기가 많단다" 하고 노래하는 에밀리 디킨슨의 시를 읽으며 잠시 생각에 잠깁니다. 밖에 나가서 꽃구경을 하는 것도 좋지만 때로는 이 시인처럼 혼자만의 방에 봄을 데리고 들어가 고요히 내면의 이야기를 나누며 명상에 잠기는 것도 좋을 것 같습니다.

전에는 누가 봄이 좋다고 하면 봄이 아름답긴 하지만 온천지에 꽃이 너무 많이 피어 정신없고 왠지 마음을 들뜨게 하는 것 같다고, 낙엽과 함께 쓸쓸하더라도 차분한 느낌이 드는 가을이 더 좋다고 말하곤 했습니다. 그런데 암환자가 되어서일까 지금은 봄이 너무도 황홀한 선물로 다가오고 순간순간이 아름다워서 봄이 좀 더 길었으면 좋겠다는 생각을 합니다.

세상 떠나는 계절을 마음대로 선택할 수 있다면 나도 봄에 떠나고 싶다는 생각까지 해봅니다. 그러고 보니 곧 1주기가 다가오는 저의 벗 화가 김점선도, 멋진 에세이스트 장영희도 모두 봄에 먼 길을 떠났다는 기억이 새롭네요. 여름은 덥고 겨울은 춥고 가을은 쓸쓸하니 그래도 생명의 기운 가득한 봄에 떠나면 남은 이들이 좀 덜 슬프지 않을까 하는 생각을 올해 들어 처음으로 해보게 됩니다.

> 봄과 같은 사람이란 아마도 늘 희망하는 사람, 기뻐하는 사람, 따뜻한 사람, 친절한 사람, 명랑한 사람, 온유한 사람, 생명을 소중히 여기는 사람, 고마워할 줄 아는 사람, 창조적인 사람, 긍정적인 사람일 게다……. 자기의 처지를 불평하기 전에 우선 그 안에서 해야 할 바를 최선의 성실로 수행하는 사람, 어려움 속에서도 희망과 용기를 새롭게 하며 나아가는 사람이다.

 저의 어느 산문집에 있는 〈봄과 같은 사람〉을 누가 한번 인용한 후로 인터넷에도 많이 떠다니는 이 글을 저도 다시 한번 읽어 보며 봄과 같은 사람이 되리라 다짐해 봅니다.
 봄과 같이 따뜻한 맘씨, 봄과 같이 부드러운 말씨, 봄과 같이 밝은 표정, 봄과 같이 환한 웃음, 봄과 같이 포근한 기도를 바치며 함께 길을 가는 우리가 되기로 해요. 어떤 이유로든지 그동안 말 안 하고 지내는 이들과의 냉담한 겨울이 있었다면 그 사이에도 화해의 꽃바람을 들여놓아 관계의 봄을 회복하기로 해요. 그러면 우리는 어느새 봄길을 걸어가는 꽃과 같은 사람이 되어 있을 것입니다.

꽃술이 떨리는
매화 향기 속에
어서 일어나세요, 봄

들새들이
아직은 조심스레 지저귀는
나의 정원에도

바람 속에
살짝 웃음을 키우는
나의 마음에도
어서 들어오세요, 봄

살아 있는 모든 것들
다시 사랑하라 외치며
즐겁게 달려오세요, 봄……

-이해인, 〈입춘〉 전문

《경향신문》 2010. 3. 8.

봄편지 2
삶은 사랑하기 위해 주어진 자유 시간

3월의 바람 속에

보이지 않게 꽃을 피우는 당신이 계시기에

아직은 시린 햇빛으로 희망을 짜는 나의 오늘

당신을 만나는 길엔

늘상 바람이 많이 불었습니다

살아 있기에 바람이 좋고

바람이 좋아 살아 있는 세상

혼자서 길을 가다 보면

보이지 않게 나를 흔드는 당신이 계시기에

나는 먼 데서도 잠들 수 없는 당신의 바람

어둠의 벼랑 끝에서도

노래로 일어서는 3월의 바람입니다

-이해인, 〈3월의 바람 속에〉 중에서

어느 해 봄 내가 받은 신학생의 편지에 '3월의 강변에서 불러 보는 나의 누이 같은 수녀님……'으로 시작하는 시적인 표현이 맘에 들어 몹시 가슴이 뛴 적이 있습니다. 남쪽의 봄은 매화가 제일 먼저 알려 주고, 그다음엔 천리향이 핍니다. 바람 속에 향기가 먼저 말을 건네 오면 "응. 알았어. 벌써 꽃을 피웠다고? 정말 반가워!" 하며 가까이 다가가서 향기를 맡곤 하였지요.

유난히 바람이 많이 부는 3월, 내가 임의로 '봄비를 기다리며 첫 러브레터를 쓰는 달'이라고 명명한 3월을 나는 어느 달보다도 좋아한답니다. 꽃샘바람은 나에게 이렇게 말을 하네요. '시간을 아껴 써라. 하루 한 순간도 낭비하지 말고 소중하게 살아라!' 잎샘바람은 또 말하네요. '절망의 벼랑 끝에서도 넘어지지 말고 다시 일어서라. 죽지 말고 다시 부활하는 법을 배워라!'

오늘 불쑥 처음으로 나를 찾아온 젊은 독자인 그대와 함께 광안리 바닷가를 거닐었습니다. 그대가 나에게 해달라던 덕담을 이 편지로 보충할까 합니다. 날씨가 차갑고 바람이 많이 부는 날은 하늘과 바다의 빛깔도 더욱 맑고 푸르고 투명하다는 것을 우리는 함께 체험했지요? 우리네 삶 역시 시련의 바람을 잘 이겨 내야만 튼실한 아름다움으로 빛날 수 있음을 바닷바람 속에서 이야기했습니다.

그대가 지적한 바와 같이 오늘의 우리는 절제와 인내와 기다림의 덕목을 많이 잃어버리고 사는 것 같아요. 관습상 식사 시간이 더딘 프랑스의 식당가에서 후식을 끝까지 못 기다리고 자리를 뜨는 한국인 관광객들의 '빨리빨리' 병에 대해 풍자한 기사를 읽은 일이 있답니다. 어느새 이 빨리빨리 병은 도처에 스며들어 우리 삶의 일부가 된 듯합니다. 텔레비전도 좀 더 지긋이 보지 못하고 쉴 새 없이 리모컨을 눌러대는 우리의 모습, 인터넷 속도가 조금만 느려도 초조해하고 불평하는 우리의 모습, 버스나 전철이 조금만 더디 와도 버럭 화를 내곤 하는 우리의 모습에서 조그만 슬픔을 느낄 때가 있습니다. 친구와의 약속 시간에 나가서도 곧 그 다음에 이어질 약속에 정신을 파느라 현재의 대화에 열중하지 못하는 모습, 한집안의 가족들끼리도 예약을 해야만 한 밥상에서 밥을 먹을 수 있을 만큼 바쁘게 살아가는 오늘날 우리의 모습이 안타까울 때가 있습니다.

　우리는 과연 무엇을 위해 그토록 숨차게 바쁜 것인지? 마음의 여유를 잃어버린 성급함으로 어디를 향해 가고 있는 것인지? 나는 오늘 3월의 바람이 되어 그대와 나 자신에게 당부하고 싶습니다. 어떤 일에 본의 아니게 자꾸만 마음이 조급해질 적마다 마음을 진정시키며 '쉿! 아주 조금만 기다리세요. 아직은 식별이 필요하니!' 하고 어질게 달래 줍니다. 절제의 미덕을 잃고 좋지 않은 말이나 행동이 마구 튀어나오려고 할 적엔 '잠깐! 두고두고 후회하지 않을 자신 있어요? 모든 것은 다 지나가니 조금만 더 참아 보기로 해요.' 하고 슬기롭게 달래 줍니다. 이리하다 보면 함부로 치닫던 마음도 말 잘 듣는 어린이처럼 길이 잘 들어 어떤 어려운 상황에도 쉽게 흔들리지 않는 잔잔한 평화를 얻을 수 있을 거예요.

이 봄에 우리는 봄 햇살 닮은 웃음으로 일상의 길을 부지런히 달려가는 행복한 사람들이 되기로 해요.

많은 이들이 즐겨 읽는 랄프 왈도 에머슨의 〈무엇이 성공인가〉라는 글로 이 글을 마무리할까 합니다.

> 자주 그리고 많이 웃는 것
> 현명한 이에게 존경을 받고
> 아이들에게서 사랑을 받는 것
> 정직한 비평가의 찬사를 듣고
> 친구의 배반을 참아 내는 것
> 아름다움을 식별할 줄 알며
> 다른 사람에게서 최선의 것을 발견하는 것
> 건강한 아이를 낳든
> 한 뙈기의 정원을 가꾸든
> 사회 환경을 개선하든
> 자기가 태어나기 전보다
> 세상을 조금이라도 살기 좋은 곳으로
> 만들어 놓고 떠나는 것
> 자신이 한때 이곳에 살았음으로 해서
> 단 한 사람의 인생이라도 행복해지는 것
> 이것이 진정한 성공이다

《부산일보》 2010. 3. 15.

스님의 편지

　김수환 추기경께서 세상을 떠나신 지 일 년 일 개월 만에 법정 스님마저 떠나시니 종교에 관계없이 많은 분들이 허전한 마음을 표현하는 걸 볼 수 있었습니다. 여러 불자들이 내게 보낸 편지에서 스님의 법문이나 책에서 발췌한 좋은 글귀들로 그리움을 달래는 그 마음들이 하도 간절하고 지극하여 감동이 되었지요. 날더러 건강을 되찾아 좀 더 오래 살라는 기원도 함께 곁들인 글들이 많아 고마웠습니다.

　스님의 상좌 스님들이 보내준 법정어록의 책갈피들을 방문객들에게 나누어 주면서, 때로는 스님의 추모 영상 자료를 보면서 나도 매번 눈물이 핑 돌곤 했습니다. 스님 생전에 문병 한번 못 간 것, 고별식에도 못 간 것이 다 맘에 걸렸지만 스님은 나의 처지를 누구보다도 잘 이해해 주실 것만 같았습니다.

클라우디아 수녀님, 요즘은 비실비실하지 않습니까?

마음 내킬 때 훌쩍 다녀가세요. 달이 있으면 좋을 것입니다.

산에는 요즘 오동나무 꽃이 지고 있어요. 작약이 새로 피어나고 후박나무 그늘도 두터워 갑니다. 철새들이 다시 옛 깃에 찾아와 깃듭니다.

그럼 산에서 만납시다.

단오절 불일암에서 합장

어느 날 조그만 그림엽서 한 장에 스님이 적어 보내신 글입니다. 강원도에 계실 적에도 그렇고, '그럼 산에서 만납시다!' 하며 일부러 불일암에도 초대해 주셨는데 선뜻 가지 못한 것도 새삼 후회가 됩니다.

오늘은 흰 구름 흘러가는 하늘을 보며 '스님, 청안하신가요? 구름 수녀님 하고 한번 더 불러 주세요!'라고 청해 봅니다. 스님의 친필을 갖고 싶어 하는 독자들에게, 나를 스님께 소개해 준 친한 친구에게 스님의 옛 편지들을 보내주고 나니 나에겐 남은 것이 그리 많지 않지만 스님 생각이 나면 한 번씩 편지들을 꺼내 다시 읽어 보는 기쁨을 누리곤 합니다.

1980년대 불일암에서 보내신 편지와 2000년대 강원도 오두막에서 보내신 편지들을 스님 좋아하는 이들과 나누고 싶어 소개해 봅니다. 비록 나 개인에게 보내신 글이긴 하지만 한 편의 묵화 같고 수채화 같은 느낌을 주는 아름다운 내용이라 여겨지네요. 스님의 예리한 눈빛과 음성, 정겹고 따뜻한 속마음이 그대로 느껴지는 편지에서 스님이 좋아하시던 푸른 소나무와 작설차 향기가 나는 것 같습니다.

기도서 감사히 받았습니다.

몇 장 읽는데 모두가 귀한 생명의 말씀입니다. 수녀님이 지니셨던 것을 제게 건네주니 더욱 고마울 뿐입니다. 성경 소구도 찾아 읽겠습니다.

지루한 장맛비가 개인 것 같아 우선 마음이 후련합니다.

숲이 한층 풍성해진 것 같아요. 오늘은 아침부터 여름 옷가지를 꺼내어 풀 먹여 손질하고 질근질근 밟아 다렸습니다.

여름이 구체적으로 다가섭니다. 홑이불도 삼베로 갈았습니다.

빗속에서 애처롭게 피어나던 달맞이꽃이 며칠 전부터는 제대로 환하게 펼쳐지고 있습니다. 갓 피어난 그 노랑빛은 얼까지 드러내 보이는 것 같습니다. 꽃의 혼은 이 세상에서 가장 선한 것으로 이루어졌지요. 그러기에 그처럼 은은한 향기를 풍기는 것이겠지요.

이 여름에도 건강하십시오.

1980년 7월 5일
산에서 합장

나는 수녀님께 아무것도 드린 것이 없는데 여러 가지로 받기만 합니다.

수녀님, 11월의 숲은 차분하여 좋습니다.
가진 것 다 털어 버리고 난 후의 홀가분함 같은 걸 느낄 수 있어요.
가랑잎이 수북이 쌓인 숲길을 거니노라면 산에서 사는 고마움을 지닙니다.
우리 불일은 김장도 다 끝냈고, 정랑에 넣을 가랑잎도 쌓아 두었고,
땔감도 넉넉합니다. 이제는 눈이 내려도 끄떡없습니다. 오늘은 가까운
장에 나가 국수 삶아서 건져 내는 건지개도 하나 사 왔습니다.
저번에 부산 갔을 때 전화 몇 번 했었는데 엉뚱하게 파출소가 나오고
가정집이 나오더군요. 오륜대 김신부님한테 묵으면서 전화번호 바뀐 걸
알았지요.
아주 건강하고 기쁘고 생생한 날들을 살고 있다니 다행입니다.
수도자에게는 건강이 유일한 밑천이지요. 심신이 하나임을 잊지 마세요.
나는 얼마 동안 잡문 안 쓸 것입니다. 없는 듯이 묻혀서 속 뜰이나 가꿀래요.
'십자가의 길' 팀들한테 좋은 수도자 되라고 안부 전합니다.
하루하루가 새날이기를 빕니다.

1980년 11월 27일
법정 합장

수녀님

연일 눅눅하고 답답한 안개가 서리고 안개 속에서 후두둑 낮도깨비 같은 비가 내리곤 했는데, 오늘은 화창하고 맑게 개었습니다. 얼마 만에 푸른 하늘을 보는지……. 밀린 옷가지를 빨아서 빨래줄 가득히 널어놓고, 차 한 잔 마시고, 라흐마니노프 〈피아노 협주곡 2번〉을 좀 듣다가 창밖에 너울거리는 파초 잎에 눈을 씻고 나서 이렇게 광안리를 찾아 나서고 있습니다. 7월 1일에 띄운 사연과 《묻혀 있는 보물》, 감사히 받았습니다.

일전에 《가톨릭 신문》을 보고 올해가 베네딕도 성인 탄신 1,500주년 되는 해임을 알았습니다. 그분을 생각할 때마다 수도자의 전형을 상기하게 됩니다. 그리고 〈수도규칙〉에 들어 있는 성인의 수도 정신에 머리를 숙이게 됩니다. 그렇게만 행할 수 있다면 누구나 틀이 잡힌 수도자가 될 수 있는 것입니다. 옛 성인들의 가르침이 현대에는 맞지 않네 어쩌네들 '나약한 사람들'은 말하지만 그 정신과 그 가르침은 현대처럼 사람이 안이하게 흩어지기 쉬운 때에는 더욱 귀하고 소중한 것입니다. 규칙서를 대할 때마다 자신도 모르게 흐트러져 가는 우리들의 일상을 반성하지 않을 수 없습니다.

우리들의 안거는 8월 25일(음 7월 보름)에 끝나게 됩니다. 안거가 끝나고 찬바람이 돌 무렵, 바다 구경 겸 부산에 한번 들를까 합니다. 그 동네 들른 지도 오래됐군요.

갈수록 세월이 재미없어집니다. 이럴수록 수도자들은 제정신 똑바로 찾아 영성을 더욱 맑게 다스려야겠지요. 참 까르멜 언니 수녀님은 잘 계시는지요. 더위에 지지 말고 안팎으로 청청하십시오.

1981년 7월 7일 아침 산에서 합장

구름 수녀님께

밖에 나갔다 돌아와 뒤늦게 수녀님의 활자화된 정다운 편지 읽었습니다. 감사합니다.

광안리 바닷가 그 집 간 지도 오래되고, 수녀님이 우리 불일에 다녀간 지도 한참 됐어요. 그 사이 하산하여 낯선 거리에서 스쳐지나가긴 했지만요. 나는 나이가 드는지 내 자신은 세월을 잊고 사는데 비행기 표를 살 때면 10% 경로 할인(65세부터)을 해주어요. 고맙기보다는 씁쓸한 기분이 들더라구요. 오늘은 비가 개어 고추밭 매 주고, 아욱 뜯어 끓이고, 상추와 케일로 쌈 싸 먹으려고 점심거리 챙겨 두었습니다.

지금 생각에는 7월 하순에 잠시 불일에 내려가 며칠 머물다 오려고 하는데 그때 인연이 닿으면 불일에 오셔서 우리 오랜만에 '현품대조'했으면 싶습니다. 요즘 어떤 책 읽느냐고 했는데 프란츠 알트의 《생태주의자 예수》(나무심는사람 刊)와 간디의 제자 비노바 바베의 《천상의 노래(바가바드기타 이야기)》(실천문학사 刊)를 읽으면서 산방의 고요를 누립니다.

장마철에 젖지 말고 밝게 사세요.

광안리 식구들에게도 초록빛 문안을…….

2003년 7월 1일
법정 합장

구름 수녀님께

오랜만에 편지 받아 보고 또 씁니다. 우표를 받고 보니 수녀님은 전이나 다름없이 정정하구나 싶습니다. 고마워요.

편지와 책 읽었습니다. 70여 년 동안 이 몸을 끌고 다녔더니 부품이 삐걱거려 지난겨울 한철 병원을 드나들며 정비를 했습니다…….

지금 우리가 이렇게 살아 있다는 사실이 새삼스레 기적 같기만 하고 둘레의 모든 것에 고마움을 느끼는 요즘입니다. 앓고 나면 철이 든다더니 뒤늦게 그런 생각이 들어요…….

우리가 언제 만났는지 까마득하네요. 건강할 때 가까운 벗들과 자주 만나야겠다는 생각이 들어요. 요즘 《숫타니파타》를 펼치면서 출가수행자의 길을 거듭 음미하고 되돌아보게 됩니다.

수녀님, 늘 청청하셔요.

2009 무자년 입하절
강원도 수류산방에서 법정 합장

우리 집에 놀러 오세요!
회갑을 맞은 김용택 시인에게

　섬진강의 시인이신 김용택 선생님, 남들이 흔히 갖는 아호도 없으신 듯 이젠 섬진강 자체가 이름이 되신 선생님, 세상 모든 것들과 늘 연애할 준비가 되어 있는 푸른 마음의 소년 선생님, 분교 아이들이 언젠가 땅콩이란 별명을 붙여 주었다지요? 그러고 보니 선생님의 모든 시들은 참으로 땅콩처럼 고소하고 감칠맛이 납니다. 그래서 많은 독자들이 질리지 않고 그 시들을 영양가 많은 간식으로 먹는가 봅니다.
　언젠가 부산의 어느 다도회 모임에서 선생님의 시 〈그 여자네 집〉을 절절한 음성으로 낭송해 주던 한 여성을 잊지 못합니다. 그분은 자신이 마치 그 시 속의 주인공이라도 된 듯 상기된 표정으로 시 안에 담긴 이야기의 아름다움을 설명해 주었습니다. 또 한번은 제가 주관하는 어느 모임에서 시 읽기를 하는데, 원래는 제 시를 읽기로 한 분이 양해를 구하면서 김용택의 시 한 편을 외우고 싶다더니 분량이 꽤 긴 〈그 여자네 집〉을 낭송하다 중간에 틀렸답니다. 그랬더니 글쎄 처음으로 되돌아가 다시 읽는 것이었어요. 주어진 시간 안에 끝내야 하는 우리에게 그녀가 눈치 없이 반복해 읽었던 〈그 여자네 집〉을 저는 이래저래 잊을 수가 없답니다. 그 이후 저는 〈그 여자네 집〉을 혼자서 찬찬히 다시 읽었습니다. 그러고는 생각했지요. 이런 시를 쓰는 분은 정말 대단하다고……. 감탄에 감탄을 거듭하지 않을 수 없었습니다.

 우리가 만나기 전에도 저는 이미 선생님의 충실한 독자였음을 알고 계시지요? 글로만 알고 말로만 듣던 섬진강의 시인이 비로소 우리 수녀원에 나타났을 적에 다른 수녀님들도 모두 반색을 하였지요. 남원에서 산 것이라며 선물로 주신 나무 그릇은 아직도 잘 사용하고 있답니다. 언젠가의 방문길에서는 선물 받은 것이라며 물오징어도 두고 가셨는데 제가 간수를 잘 못해 조금밖엔 먹을 수가 없었답니다. "아름답고 고운 것 보면 그대 생각납니다. 이것이 사랑이라면 내 사랑은 당신입니다……" 로 시작되는 이지상 님이 작곡한 김용택의 시 노래에 반해 방송국에 수소문하여 악보를 전해 받은 일도 저에겐 고운 추억으로 남아 있습니다.

 지금도 어쩌다 섬진강을 지나거나 시골의 초등학교 분교를 지나거나 하면 늘 선생님 생각이 나곤 합니다. 평소엔 연락도 자주 못하고 지내지만 앞으로는 종종 전화도 드리고 편지도 쓰고 그렇게 하려는데 괜찮을지요? 부산에 올 일 있으면 우리 집에 놀러 오시고 하루 밤 머무시라는 말도 빈말이 아니랍니다. '살구꽃이 하얗게 날리는 집' 그 여자가 백 명도 넘는 우리 집에 오시면 가슴이 뛸지도 몰라요. 수녀원 손님실에 머무는 탓에 눈에 넣어도 아프지 않을 사랑하는 각시와 할 수 없이 따로 잘 수밖에 없었다는 불평 섞인 푸념을 바람결에 전해 들었기에 다음에 오시면 침대 두 개를 하나로 모아 붙이고 풍선과 꽃으로 신혼부부 방처럼 멋지게 꾸며 드릴 테니 어서 오기만 하세요. 기대하셔도 좋습니다.

호호호, 상상만 해도 즐겁고 재미있네요.

…… 우리들에게 깨끗한 영혼을 불어넣어 주시는 수녀님과 이렇게 편지를 쓴다고 생각하면 가슴이 뛴답니다. 우리 모두 수녀님을 사랑합니다. 수녀님은 풀꽃이시고, 저 쪽 맑고 깨끗하고 서늘한 하늘입니다. 우리들에게 늘 맑은 샘물을 주시는 수녀님, 늘 건강하시길 빕니다.

어느 해 여름 빛바랜 원고지에 다정하게 써 보내신 편지의 한 구절을 읽으려니 제 가슴이 지금도 소녀처럼 뛰는군요.

누이야 날이 저문다
저뭄을 따라가며
소리 없이 저물어가는 강물을 보아라
풀꽃 한 송이가 쓸쓸히 웃으며
배고픈 마음을 기대오리라
그러면 다정히 내려다보며, 오 너는
눈이 젖어 있구나

방금 제가 좋아하는 시집《누이야 날이 저문다》안에 들어 있는 이 시를 읽고 나니 제가 진짜 누이가 된 것 같은 느낌이 듭니다. "청탁을 받고 글을 써야 하는데 어떻게 쓰면 되나요?" 하고 며칠 전 아주 오랜만에 전화하며 걱정을 했더니 껄껄 웃으며 편하게 적으라고 하셨지요. 그래서 정말 편하게 적었는데 맘에 드실지 은근히 걱정입니다. 섬진강의 시인을 세상에 낳아 주신 그 훌륭하신 어머님께도 사랑과 평화의 인사를 드리고 싶습니다. 어머니는 수녀복 입은 이들을 매우 신기해한다고 하셨지요? 눈이 아름다운 시인의 고운 짝에게도 물론 안부를 전하고요.

고향을 떠나지 않고 처음부터 지금까지 늘 그 자리에 계심을 우리 모두 고마워합니다. 한결같은 정성으로 아이들과 동심으로 함께해 온 오랜 세월에도 축하를 드립니다. 이 땅의 사랑받는 시인으로 앞으로도 강물 같은 시들을 더 많이 써 주시길 바랍니다. 모두들 큰 도시를 선호하는 요즘, 촌에 사는 촌사람임을 스스로 늘 자랑스럽게 생각하는 그 모습이 늘 존경스럽습니다. 섬진강도 말을 할 수 있다면 김용택이라는 시인을 큰 소리로 칭찬해 줄 거예요.

어느 날 섬진강의 시인이 사는 그 정겹고 아름다운 마을에 제가 불쑥 찾아가 포근하고도 당당하게 이렇게 말할지도 모릅니다. "용택아, 밥 먹었니? 지금 나하고 저 노을진 강변을 거닐어 보지 않을래?" 그러면 "오매, 수녀님이 내게 시방 반말해 부렀네, 잉?" 하며 정답고 짠한 표정으로 웃으시겠지요?! 사랑합니다.

《어른아이 김용택》(문학동네, 2008)

서로를 배려하는 길이 되어서

　며칠 전 우리 수녀원에 손님으로 오신 어느 신부님과 함께 광안리 바닷가에 나갔다. 마침 썰물 때라 더욱 넓어진 모래사장에 사람들이 저마다 새해의 복을 비는 글들을 적어 놓은 게 눈에 띄었다. 누가 시작을 했는지 모르지만 모래 위의 낙서는 아주 길게 이어져 우리를 미소 짓게 했다.
　하트 모양의 그림을 그려 놓고 '사랑해, 영원히!', '행복하자. 우리!' 하는 연인들의 표현도 아름답고 '복 많이 받으세요!'라고 적어 놓은 인사말도 새삼 정겹게 여겨졌다. 아이들과 함께 산책 나온 부부, 솜사탕을 사 먹으며 담소하는 젊은이들, 우리에게 사진을 찍어 달라고 부탁하는 외국인 관광객들의 모습까지 다들 평화로워 보였다.
　낯선 사람들끼리도 자연스럽게 복을 빌어 주며 덕담을 나누는 또 한 번의 새해, 우리 모두는 서로가 서로를 배려해서 행복한 사랑의 길이 되면 좋겠다. 새롭게 주어지는 하루라는 길 위에서 무관심을 관심으로 바꿔 가며 조금씩 사랑을 넓혀 가는 길이 되면 좋겠다. 이렇게 살려면 매 순간 '내가 아니면 누가?', '지금 아니면 언제?' 하는 마음으로 깨어 사는 지혜와 용기가 필요할 것이다.

내가 잘 아는 혁이라는 청년이 이웃에게 실천한 애덕의 배려가 따뜻한 감동을 준다. 한번은 그가 동대구에서 부산으로 오는 오후 3시 30분 무궁화호 열차를 탔는데, 바로 옆자리에 어린 두 딸과 동행한 일본인 남자가 청년에게 자꾸만 무어라고 말을 걸어왔다. 청년은 일본어를 모르는데다 영어로도 말이 안 통하자 일어를 전공한 친구에게 일부러 전화를 걸어 대화를 하도록 해주었다.

그렇게 해서 알게 된 내용은 그 일본인이 5시 30분에 국제여객터미널에서 시모노세키로 가는 배를 타야 하는데 열차가 연착을 하는 바람에 배를 놓칠까 봐 걱정하고 있다는 것이었다. 따져 보니 역에 내려 택시를 타도 늦을 것만 같자 청년은 부산 지리를 잘 아는 지인에게 긴급 문자를 보내 마중을 나오도록 했고, 그 일본인 일행을 5시 10분까지 터미널에 데려다 주어 무사히 배를 탈 수 있게 해주었다고 한다.

그 와중에 혹시라도 나쁜 사람으로 오인해 불안해할까 싶어 학생증까지 보여 주며 안심시키면서 목적지까지 동행한 청년……. 미안한지 자꾸만 돈을 주려고 하던 그 일본인은 두 딸과 함께 배에 오르는 내내 머리를 조아려 고맙다는 인사를 반복하더라고 했다.

다른 이로부터 이 이야기를 전해 들은 내가 고맙다고, 잘했다고 이메일을 보내니 청년은 내게 이렇게 답을 해왔다. "사실 조금 부끄럽기도 하구 그래도 수녀님께 칭찬을 들으니 기분은 좋네요. 사실 별거 아니긴 한데……. 부산역에 기꺼이 마중 나와 준 친구 그리고 통역을 도와준 그 친구 덕분에 좋은 일 하고, 그 일본분도 한국에 대해 마지막에 좋은 인상을 가지고 가셨다고 생각하니 기분이 좋더라구요. 앞으로 더 나은 모습 보여 드리도록 노력하겠습니다."

단지 옆자리에 앉았다는 인연으로 끝까지 자기 일처럼 적극적인 도움을 준 한 한국인 청년의 행동이 그 일본인은 얼마나 고마웠을까. 진정한 의미에서의 외교를 했다는 생각도 들고, 그 장면 장면을 생각만 해도 흐뭇하다. 우리가 이웃에게 길이 된다는 것, 복을 짓는다는 것은 바로 이런 것이 아닐까.

누군가에게 도움이 필요할 때 귀찮아하며 피하거나 모르는 척하지 않는 관심, 겉도는 말이 아니라 구체적으로 내가 할 수 있는 최선을 다하는 정성, 선한 일을 하고도 보답을 바라지 않고 마땅히 해야 할 일을 했을 뿐이라고 생각하는 겸손이야말로 우리가 이웃에게 무상으로 빛을 주는 축복이 되고 사랑의 길이 되는 행동일 것이다. 욕심과 이기심을 아주 조금만 줄여도 우리는 행복한 사람들이 될 수 있을 것이다.

일상의 평범한 일들과 시간 속에 숨어 있는 행복을 잘 꺼내고 펼쳐서 길이 되게 하자. 이 길로 자주 이웃을 초대하자. 지금껏 그랬듯이 앞으로 마주치게 될 크고 작은 일들이 잘만 이용하면 모두 다 나에게 필요한 길이 될 것임을 믿는다.

오늘 하루 나에게 일어나는 모든 일들이

없어서는 아니 될 하나의 길이 된다

내게 잠시 환한 불 밝혀 주는 사랑의 말들도

다른 이를 통해 내 안에 들어와

고드름으로 얼어붙는 슬픔도

일을 하다 겪게 되는 사소한 갈등과 고민 설명할 수 없는 오해도

살아갈수록 뭉게뭉게 피어오르는 나 자신에 대한 무력함도

내가 되기 위해 꼭 필요한 것이라고

오늘도 몇 번이고 고개 끄덕이면서 빛을 그리워하는 나

어두울수록 눈물 날수록 나는 더 걸음을 빨리한다

-이해인, 〈길 위에서〉 전문

《부산일보》 2007. 1. 18.

불안과 의심 없는 세상을 꿈꾸며

　서울 쪽에 몇 군데 특강이 있어 약 열흘간 자리를 비웠다가 내가 머무는 부산 광안리 수녀원에 오니 그새 살구꽃은 지고 복숭아꽃, 벚꽃, 자두꽃, 모과꽃, 자목련이 활짝 피어 나를 반기고 있었다. 심한 황사바람이 우리를 놀라고 힘들게 했지만 때로는 꽃구름을 만들며 피어오르는 봄꽃나무들이 곁에 있어 웃을 수 있었다.
　꽃들이 다 지기 전에 밀린 편지를 써야지 마음먹고 우선 급한 것부터 몇 통 쓰고, 해외에 갈 소포도 몇 개 준비해 당장 우체국에 가려다가 약간의 몸살기가 느껴져 일단 미루고 평소보다 일찍 침방으로 올라왔다.
　다음날 오전 사무실에 내려가 컴퓨터 옆 서랍장을 여니 내가 봉투에 넣어 둔 우편발송비 일체와 요긴하게 사용하려고 보관해 둔 도서상품권들 그리고 설날 주교님과 스님으로부터 받은 세뱃돈 봉투까지 몽땅 없어졌다. 내가 15년을 애용하던 소형 올림푸스 카메라까지 들고 가 버린 그 검은 손길의 주인공은 누구일까?

하얀 조가비와 솔방울과 고운 편지지로 가득한 자그만 글방에 겁도 없이 들어와 지갑에 있던 동전과 천 원짜리만 그대로 두고 간 그는 생계형 도둑일까, 단지 용돈이 귀해 실례를 범한 젊은이일까, 아니면 평소에도 이 방에 곧잘 드나들었던 손님들 중의 한 사람일까……. 나름대로 온갖 상상을 하며 우리 수녀님들에게 보고하니 "사람 안 다친 것만도 다행으로 여기라."고 위로하지만 마음이 내내 착잡하고 우울하다. "요즘이 어떤 세상인데, 수녀님은 동정심이 많아 사람을 너무 쉽게 믿는 경향이 있으니 앞으로도 더 조심하지 않으면 안 된다."는 충고도 집중적으로 많이 듣는다. 평소에 문을 더 열심히 잠그고 다닐걸, 귀중품은 사무실에 두지 말고 침방에 둘걸…… 하고 자책해 보지만 때는 이미 늦었다.

얼마 전에 어느 지인이 인터넷으로 보내준 〈오십견의 아픔〉이란 제목의 글을 읽고 한참 웃은 일이 있는데 하필 지금 왜 그 이야기가 생각나는지 나도 모르겠다.

강도가 어느 집에 들어가 집주인에게 손들라고 해도 안 들길래 다그치니 오십견이라 못 든다고 했다. 마침 강도도 오십견이었던 터라 둘이 앉아 오십견 이야기만 하다가 강도질도 못하고 돌아왔는데, 며칠 후 서로 연락하여 함께 치료를 받으러 가서는 치료비를 강도가 냈다고 한다.

실화인지 꾸며낸 이야기인지 모르지만 무척 인상 깊고 따뜻한 이야기라며 우린 저마다 한마디씩 했는데, 막상 내가 이런 일을 당하고 나니 낭만적인 유머조차 멀게만 느껴진다. 교묘하고 완벽한 각본으로 접근해

오는 이들에게 내가 지금껏 크고 작게 사기를 당한 적이 한두 번이 아니지만, 이번 경우는 내가 매일 안심하고 일하던 장소에서 일어난 일이라 무섭고 불안하여 일이 손에 잡히질 않는다. 문소리만 나도 놀라고, 평소에 믿던 사람도 믿지 못하게 만드는 의심병 또한 봄날의 도둑이 준 부작용이 아닐 수 없다.

'죄송합니다. 이래선 안 되는 줄 알지만 꼭 필요해서 잠시 빌려갑니다. 제가 갚을 때까지 기다려 주시고 건강하시기를…….' 이런 쪽지라도 하나 써 놓고 가면 좋았을 텐데 하고 혼자 웃어 본다. 연이은 거짓말로 나를 힘들게 했던 어느 청년이 꼭 10년 만에 교도소에서 편지를 보내온 적이 있었다. 지금도 그 일이 맘에 걸려서 용서를 구하지만 그때 진 빚을 수녀님께는 갚을 길이 없어 다른 사람들에게 자기만의 방법으로 선을 실천하는 것으로 갚겠다면서……. 나는 잠시 감동하여 그렇게 하라고 답을 했던 것 같다.

마당에 꽃이 많이 피었구나

방에는 책들만 있구나

가을에 와서 꽃씨나 가져가야지……

피천득 님의 사랑스런 시 〈꽃씨와 도둑〉에 나오는 맘씨 고운 도둑을 그려 본다. 도둑이 물건을 훔치러 왔다가도 아무것도 탐낼 것 없고 가져갈 것 없을 만큼 청빈한 삶을 살아야겠다고 고요히 다짐해 본다. 꽃도둑, 책도둑은 쉽게 용서가 되지만 소임터의 서랍을 샅샅이 뒤져간 그 도둑은 쉽게 용서가 안 되는 요즘, 가뜩이나 밤에는 불면증으로 고생인데 해외의 친지가 보내준 라벤더 향을 코에 발라도 정신이 더 말똥말똥해지고 잠이 안 와 걱정이다.

 부활절 시기에 입을 흰옷을 다림질하며 기도한다. 부디 우리나라의 경제가 골고루 좋아져서 보통 사람들도 나쁜 생각 안 하고 걱정 없이 살 수 있기를……. 밤이나 낮이나 도둑이 들까 불안에 떨지 않고 살아도 될 안전한 사회가 될 수 있기를……. 그리고 우리 모두 각자의 자리에서 사랑의 나눔과 공동선을 향한 노력에 최선을 다해 깨어 있고 투신하는 사람들이 될 수 있기를…….

《부산일보》 2007. 4. 12.

윤동주의 하늘과 바람과 별과 시

　김소월의《진달래꽃》, 한용운의《님의 침묵》, 타고르의《기탄잘리》, 청록파 시인들(조지훈, 박두진, 박목월)의 시집과 더불어 윤동주의《하늘과 바람과 별과 시》는 나의 청소년기인 1960년대 우리나라에서 가장 많이 읽힌 애송시집들이다. 이 시집들을 함께 읽으며 우정을 나누었던 어린 시절의 친구들이 문득 보고 싶을 때가 있다. '하늘과 바람과 별과 시' 하고 소리 내어 발음하면 내 마음에도 금방 푸른 하늘이 열리고 시원한 바람이 불고 고운 별이 뜨며 맑은 시 한 편이 탄생하는 느낌이다.
　내가 여중 시절에 처음 접한《하늘과 바람과 별과 시》의 모든 시들은 다 아름다웠다. 흰 봉투에 눈을 한 줌 넣어 누나에게 편지를 부치겠다는 내용의 〈편지〉를 읽으면 누군가에게 편지를 쓰고 싶었고, 〈별 헤는 밤〉을 읽고 나면 가을과 별이 더 좋아지곤 했다.
　그러나 무엇보다 〈서시〉를 읽었을 때의 그 향기로운 여운과 감동을 잊을 수 없다. 이 시는 지금도 전 국민의 애송시라지만 나 역시 기도처럼 〈서시〉를 자주 외우며 살았고, 어쩌면 그 시의 영향으로 수도자의 삶을 더 아름답고 행복하게 '별을 노래하는 마음으로' 견뎌왔는지도 모른다.

요즘처럼 내가 암으로 힘든 투병을 하면서도 짬짬이 시를 쓸 수 있는 저력 역시 모태신앙의 영향은 물론 소녀 시절부터 애송했던 이 아름다운 시집 덕분이었음을 믿는다. 나는 그간 수많은 친지들에게 윤동주의 〈서시〉를 즐겨 낭송해 주고 편지 안에도 자주 적어 보냈다. 한동안 세상을 떠들썩하게 만들었던 탈옥수 신창원 형제에게도 나의 책과 함께 보낸 편지에서 어떤 훈계의 말을 하기보다는 '죽는 날까지 하늘을 우러러 한 점 부끄럼 없이' 살고 싶었던 선한 마음이 분명 속 깊이 있었을 테니 그 마음을 다시 꺼내 보라고 권유했다. 앞으로의 날들이라도 꼭 '부끄럼 없는 마음'으로 살아 보라고 적어 보냈더니 그는 '사실 엄청난 잘못을 한 것에 비해 참회하기는커녕 별 죄의식도 없이 산 것 같다', '깨우쳐줘서 고맙다'는 말로 답신을 보내왔고, 지금은 아예 나를 이모라고 부르며 종종 러브레터를 보내오곤 한다.

〈서시〉 중에서도 나의 마음을 가장 많이 흔든 구절은 "별을 노래하는 마음으로/ 모든 죽어가는 것을 사랑해야지"라는 구절이었다. 이 구절을 반복해서 읽을수록 나는 시의 아름다움에 빠져들었고, 막연히 시인이 되는 꿈을 꾸었으며, 감히 인류애에 불타는 마음으로 이웃 사랑에 헌신하는 미래를 꿈꾸었다. '별을 노래하는 마음'은 이 세상의 모든 것을 다 포용하고 사랑하되 하늘을 섬기는 마음으로 알아들었고, '모든 죽어가는 것을 사랑하는 것'은 자신의 한계와 삶의 유한성을 받아들이는 가운데 이웃을 사랑하는 겸손함으로 알아들었다.

이 시를 읽은 지 수십 년이 지난 지금 나는 부족하나마 별을 노래하는 시인이 되었고 모든 죽어가는 것을 사랑하는 수도자가 되어 있다.

    당신을 위한 나의 기도가
    그대로
    한 편의 시가 되게 하소서
    당신 안에 숨 쉬는 나의 매일이
    읽을수록 맛드는 한 편의 시가 되게 하소서
    때로는 아까운 말도
    용기 있게 버려서 더욱 빛나는
    한 편의 시처럼 살게 하소서

1983년 내가 세 번째 시집인 《오늘은 내가 반달로 떠도》를 낼 적엔 나도 윤동주 시인을 흉내 내어 시집 앞에 서시도 하나 넣었다. 첫 서원(1968) 후 15년, 종신 서원(1976) 후 7년차인 수도자로서의 어떤 결연한 다짐 같은 것을 나름대로 요약한 내용으로 볼 수 있겠다. 훗날 뜻밖에 이 구절을 좋아하는 분들도 더러 만나게 되어 기뻤고, 요즘도 종종 기도처럼 이 서시를 되뇌곤 한다.

1941년 24세의 나이로 불멸의 서시를 썼으며, 내가 이 세상에 태어난

해이기도 한 1945년, 일본의 한 형무소에서 슬프게 세상을 떠난 윤동주 시인. 그의 처음이자 마지막 시집이기도 한 《하늘과 바람과 별과 시》는 나의 보물 1호이다. 어린 시절 지녔던 초판본은 워낙 귀중한 것이라 어느 대학 도서관에 기증했고, 지금은 정음사에서 나온 1972년판을 갖고 있는데, 그 하나라도 갖고 있으니 다행이다.

정작 시인 본인은 출간을 보지도 못하고 세상을 떠났지만 대학 졸업 기념으로 훗날의 《하늘과 바람과 별과 시》가 될 자필 시집을 미리 만들어 두었던 윤동주. 그리고 전쟁 중에도 윤동주가 남긴 원고들을 땅에 묻어가면서까지 소중히 보관했던 그의 친구와 가족들……. 그의 숨결이 담긴 원고가 그렇게 세상의 빛을 볼 수 있게 된 것은 또 얼마나 고마운 일인지!

지난 몇 년간 대학에서 시 강의를 할 때에도 나는 윤동주의 시집을 자주 소개하며 《하늘과 바람과 별과 시》처럼 학생들도 각자의 개성에 맞는 제목을 달고 자신의 서시도 넣어서 문집을 만들어 보라고 권하곤 했는데, 시가 어려운지 대개는 자신이 누구인가를 구체적으로 소개하는 산문적인 프롤로그 형태로 대신하곤 했다. 문집에 넣을 자작시가 없으면 다른 시인의 시라도 모아서 주제별로 만들어 두면 언젠가는 좋은 기념이 될 테니 우선 짧은 것부터 모아 두었다가 필요할 적에 애용하라며 숙제를 내준 일도 많다.

나 역시 요즘도 짧은 애송시 문집을 가방에 넣고 다니며 분위기에 따라 낭송하는 기쁨을 누린다. 예를 들면 커피를 즐겨 마시는 젊은이들에게는 "커피에 설탕을 넣고 크림을 넣었는데 맛이 싱겁군요. 아 그대 생각을 빠트렸군요" 하는 윤보영 시인의 시를, 사소한 것의 재발견을 강조할 적엔 "내려올 때 보았네 올라갈 때 못 본 그 꽃" 하는 고은 시인의 〈그 꽃〉이란 시를, 가까운 이들과 화해하기 힘들다고 고백하는 이들에겐 "백년 살 것 아닌데 한 사람 따뜻하게 하기 어찌 이리 힘드오"라고 표현한 김초혜 시인의 〈사랑초서〉의 일절을 들려주면 다들 좋아한다.

얼마 전 윤동주 시인을 위한 추모제에서 시를 한 편 낭송해 주면 좋겠다는 도쿄 가쿠게이 대학 측의 초대를 받고, 비록 참석은 못 했지만, 아래와 같이 추모시를 적어 보낸 일이 있다. 이 시를 적는 과정에서 연도는 다르지만 윤동주 시인과 김수환 추기경이 세상을 떠난 날(2월 16일)이 똑같다는 것을 새롭게 발견하고 감회가 새로웠다.

당신은 외롭고 슬프게 떠났지만
시의 혼은 영원히 살아서
갈수록 더 밝고 고운 빛을 냅니다
별을 노래하는 마음으로
부끄럼 없는 삶을 살았던 당신은
종족과 이념을 뛰어넘어
서로 다른 이들을 다정한 친구로 만드는
별이 되셨습니다
사랑과 평화를 재촉하는

2월의 바람이 되셨습니다

모국에 남긴《하늘과 바람과 별과 시》

단 한 권의 시집만으로도

그토록 많은 사랑을 받고

끝없는 연구가 이루어지고

시를 읽는 이들의 가슴 속에

그리움으로 부활하는 당신은

가장 아름다운 스승이며

잊을 수 없는 애인입니다

고통의 어둠과 눈물 속에도

삶을 사랑하는 법을, 맑게 사는 법을 가르치는

희망의 별이 되어 주세요

당신을 닮은 선한 눈빛의

시인이 되는 꿈을 꾸는 우리에게

오늘은 하늘에 계신 당신이

손 흔들며 웃고 있네요

성자의 모습으로 기도하고 있네요.

― 이해인, 〈별이 된 시인 윤동주에게〉 전문

《서울대학신문》 2009. 3. 8.

어머니를 기억하는 행복

　며칠 전 일이 있어 서울에 갔다가 어머니가 머무시던 방에 들어가니 몇 달 전 영정사진 옆에 내가 적어 두고 온 메모쪽지가 눈에 띈다. "엄마가 안 계신 세상 쓸쓸해서 눈물겹지만 그래도 엄마를 부르면 안 계셔도 계신 엄마, 사랑합니다……, 그립습니다."라고.
　"엄마 아니면 누가 이렇게 언니의 자료를 모아 두었겠어?" 하며 동생이 내미는 파일을 보니 수십 년 전 내가 보낸 상본이나 메모, 신문에 난 기사들을 오려서 끼워놓으셨다. 동생이 물건 정리를 우선 했다는데도 곳곳에서 "이건 작은수녀 줄 것", "이건 큰수녀 줄 것" 하는 쪽지들이 나와 잠시 눈시울을 적셨다.
　성당의 노인대학에서 특별한 날 나누어 주는 타월이나 내의를 열심히 모아 두었다가 일 년에 두 번 수녀딸들이 있는 수녀원에 오실 적마다 웃으며 건네주시던 어머니. 아직 건강하실 적엔 고운 헝겊가방을 만들고 묵주 주머니나 털바지를 직접 떠서 소포로 보내주시곤 했다.

'어머니가 세상에 안 계시면 누가 우리에게 그토록 다정하고 섬세함 가득한 편지와 소포를 보내줄 수 있을지? 미리 생각만 해도 쓸쓸하네!' 라고 고백했던 언니 수녀님은 요즘 사 남매 중 어떤 형제보다도 어머니의 부재를 슬퍼하고 있을 것 같다. 임종을 못 지켰다고 하더라도 우리는 빈소에도 가고 장례식에도 참석했지만 맏이인 언니는 엄률 수도회인 가르멜 수녀원의 수도자로서 장례식에도 참석 못 했으니 그 심정이 오죽할까 싶었다. 가뜩이나 수줍고 내성적인 성격이라 언니는 내색도 못 하고 속으로만 끙끙 앓고 있겠지 싶다.

부모를 여읜 성직자 수도자들이 공석에서 너무 많이 울면 볼썽사나우니 힘들어도 슬픔을 자제하는 모습을 보이라는 말을 평소에 하도 많이 들었기에 나도 빈소, 장례미사, 하관예절에서는 모질게 맘을 먹고 잘 절제하여 그런대로 넘어갔지만, 막상 모든 일이 끝나고 다시 일상의 삶으로 돌아와서는 감당하기 힘든 슬픔에 자꾸만 눈물이 나 지금도 어쩔 줄을 모르고 있다. 성당에서 기도를 하다가, 밥을 먹다가, 책을 읽다가, 빨래를 하다가, 산책을 하다가 문득문득 콧날이 시큰하고, 눈물이 고이고, 나의 전 존재 밑바닥에서 울음이 차오르는 느낌을 어떻게 표현해야 할지 모르겠다. 어머니의 부재가 주는 공허함과 쓸쓸함은 그 무엇으로도 대치할 수가 없다는 것을 다른 사람들로부터 익히 들어왔지만 직접 경험해 보니 상상했던 것보다 더 절절하다.

어머니는 나의 가장 포근한 집이었으며 아름다운 노래였으며 한결같은 기도였음을 다시 절감하는 요즘, 어머니를 향한 이 깊은 그리움은 나를 좀 더 착하고 너그럽게 만드는 것 같다. 사물에 대한 욕심과 애착도 없어지고 사람에 대한 이해심도 넓어지는 기쁨을 체험한다.

　가신 지 백 일 만에 딱 두 번 어머니 꿈을 꾸었는데 한 번은 비단 한복을 입으신 슬픈 표정으로, 또 한 번은 양장을 하신 기쁜 표정으로 나타나셔서 그리움을 달랜 일이 있다. 생전에는 하루가 멀다 하고 꿈길에 나타나셨던 어머니가 하늘소풍 떠나신 후에는 전혀 모습을 보이지 않아 간절히 빌고 빌어 아주 잠시나마 나타나신 거였다.

　어머니는 병석에 계실 적에도 누가 찾아온다는 말을 하면 "무얼 주나?", "무얼 대접하나?" 걱정이 많으셔서 늘상 책이든, 성물이든, 액세서리든 아무리 사소한 것이라도 손님에게 나누어 줄 것들을 미리 준비해 두어야만 안심하곤 하셨다. "난 작은 것이라도 누구에게 선물하는 일이 참 기뻐!", "이 나이에 어울리지 않게 왜 이렇게 앙징맞고 고운 것들을 좋아하는지 원!" 하며 미소 짓던 어머니 대신 이젠 내가 누구에게라도 무엇을 주고 싶어 하는 마음으로 항상 선물을 준비하며 산다. 며칠 전에는 큰 성당에 특강을 가며 그림엽서, 수첩, 묵주, 내가 뜬 아크릴 행주 등 열두 가지의 조그만 선물들을 주머니에 담아 가 당일에 축일을 맞는 사람들을 앞으로 불러내서 나누어 주는데 신기하게도 꼭 열두 명이어서 다들 즐겁게 웃었다. 우리 어머니가 어디선가 내려다보시며 "수녀가 선물 준비를 많이 했네? 선물은 아무리 작은 거라도 늘 기쁨을 가져오지. 암!" 하며 흐뭇해하시는 것 같았다.

날마다 새롭게 그리고 끊임없이 어머니를 기억하며 그리워하는 것 자체가 행복한 일이고 선물이 아닐 수 없다. 어머니는 내게 또 한 분의 '작은 하느님'으로 이 세상을 떠나서도 나와 함께 계시고 내 안에 현존하는 사랑의 애인이다. 더 깊고 높은 선과 진리와 아름다움을 지향하며 사는 수도 여정에서 눈에 보이진 않지만 나를 가르치고 길들이며 교육하는 수련장이시다. 힘들어할 적마다 용기를 내라고 격려해 주는 정다운 친구이며 수호천사이시다. 자연이나 사물이나 인간에게서 어떤 아름다움을 발견하면 멋진 감탄사로 나와 함께 환호하는 예술가이며 시인이시다.

마치 하늘나라에 있는 새집에 초청받아 이사를 가시듯 세상을 떠나신 김순옥 할머니는 90대에도 70대처럼 보이는 곱고 편안한 얼굴을 지닌 분이었다. 돌아가실 때가 가까웠을 때 할머니는 위독해지셨다가 다시 살아나는 몇 번의 고비를 넘기셨는데, 그날이 꼭 토요일이었다. 이를 지켜보면서 마치 시집가는 날을 잡으시듯이 할머니도 가실 날을 잡고 계신다는 느낌이 들었다. 그리고 9월 8일 성모성탄축일 아침에 고운 미풍이 잦아들듯이 고요히 떠나셨다. 좋은 날을 받아 이 세상의 집을 떠나 천국의 새집으로 이사를 가신 행복한 할머니셨다.

몇 년간 어머니를 성심껏 돌보며 간호했던 가정간호 담당 요세피나 수녀님의 따뜻한 기록도 종종 읽어 본다. 나는 어머니의 친필로 가득한 조그만 수첩, 애용하시던 꽃손수건과 골무, 알록달록한 빛깔의 예쁜 단추들을 유품으로 지니고 있다. 내가 위로를 삼고 자주 들여다보곤 하던 수녀원의 분꽃나무를 출장 다녀온 사이 누가 싹둑 잘라 버려 얼마나 서운했던지! 어머니가 보내준 꽃씨를 심어 꽃을 피워 낸 어머니의 꽃나무였기에 더욱 서운했다.

오늘은 보름달 속에서 환히 웃고 계시는 어머니, 닿을 수 없는 거리에 계시는 어머니를 가까이 보고 싶어 빛바랜 옛 사진을 들여다본다.

"수녀 잘 있지? 모쪼록 기쁘게 살고 감사하게 살아. 그러면 성인 될 수 있을 거야! 기차 타고 마지막으로 나를 만나러 오는 수녀를 끝까지 기다리지 못하고 먼저 눈 감아서 미안해." 하고 속삭이시는 것만 같은 어머니를 향해 나도 나직이 이야기한다.

"엄마, 엄마는 살아서도 떠나서도 우리에겐 최고의 선물이셔요! 엄마를 그리워할 수 있는 이 마음 또한 큰 행복임을 두고두고 감사드립니다. 부디 편히 쉬십시오!"

2008. 5. 30.

11월의 편지
제 몫을 다하는 가을빛처럼

우리가 아무 생각 없이

살아가는 동안

가을빛은 제 몫을 다한다

늘 우리들 뒤켠에 서서도

욕심을 내지 않는 가을 햇살

오늘은 또 누구를 만나려는지

일찌감치 사과밭까지 와서

고 작은 사과를 만지작거린다

햇살은 가을을 위해 모두를 주면서도

소리 내지 않고 조용히 다닌다

-노원호, 〈가을을 위하여〉 중에서

해마다 가을이 오면 제가 다시 읽어 보는 동시입니다. 산에서 들에서 단풍구경을 하며 가을의 아름다움을 예찬하는 친지들의 글을 읽으면 마음이 밝고 따뜻해집니다.

저도 며칠 전 몇 명의 수녀님들과 1박 2일의 가을소풍을 다녀왔습니다. 순천만의 갈대밭, 함평의 국화전시회 그리고 화순의 운주사를 돌아보며 '우리나라는 정말 아름답다!', '아아 이렇게 살아서 가을 산, 가을 들판을 바라보는 것만으로도 행복해!' 하는 감탄사가 끊이질 않았지요.

제의에 수를 놓거나, 객실에서 손님맞이를 하거나, 경리 일을 보거나, 자료실을 담당하거나, 환자를 돌보는 소임을 하는 수녀에 이르기까지 주로 본원에서 집안일을 하는 수녀들의 설렘 가득한 감탄사를 듣는 일이 제겐 못내 새로웠습니다. 사계절 묵묵히 소임에 충실한 그들의 한결같은 모습이야말로 '제 몫을 다하는 가을 햇살', '뒤켠에 서서도 욕심을 내지 않는 가을 햇살'로 여겨져 가슴이 찡해왔습니다. 소풍을 다녀와서도 두고두고 기쁨의 되새김을 하는 그들의 천진한 모습에서 동심이 깃든 하늘나라를 봅니다.

11월 초에 입는 검은 수도복을 상복으로 미리 입고, 어머니의 임종을 지켰던 동생과 같이 포천의 천보묘원에도 다녀왔습니다. 마 C-351이라고 적힌 조그만 무덤에는 고운 풀들이 덮혀 있었고, 해 아래 눈부신 단풍숲이 모두 엄마의 얼굴로 보였지요. 같은 장소 납골당에 모셔진 숙모님과 다른 가족들을 위해서도 연도를 바쳤습니다. 저를 세상에 낳아 주시고 무한대의 희생적인 사랑을 주셨던 어머니라는 존재가 이 세상에서 사라진 상실감은 이미 경험자들에게 듣긴 했어도 생각보다 크고 깊어서 무척 자주 눈물을 흘린답니다.

  세상의 많은 어머니들이 그러하듯 늘 자식들의 뒤켠에서 빛이 되어 주셨던 어머니, 서른아홉에 혼자되어 96세를 일기로 돌아가실 때까지 57년의 세월을 오직 신앙 안에서 인내하며 사신 어머니, 자식들에게 무엇 하나 요구하는 일 없이 아주 작은 일에 감사하며 겸손하게 살아오신 어머니, 혼자만의 고독을 들키지 않으려고 무던히 애쓰신 흔적이 역력한 어머니의 수첩을 꺼내 읽으니 그리움이 사무칩니다.

  "언제나 자비하신 하느님께 의탁하자. 참고 기다리자. 희망을 갖자.", "내가 변변치 못해도 두 딸을 수녀로 만들었지. 기분이 날아갈 것 같다.", "착하게 살아야 해, 올바른 길로 가야 해.", "만났다 헤어졌다, 반가웠다 서운했다, 이것이 인생이야.", "연분홍 꽃수건 마음에 든다.", "영적인 꿈을 선물로 받으니 감사하다.", "이젠 마감하고 싶다. 갈 곳으로 가고 싶다."…….

  어머니의 글씨는 하얀 나비가 되고 빨간 단풍이 되어 날아옵니다. 특히 40여 년간 수도원으로 어머니가 절기마다 꽃잎을 넣어 적어 보내신 편지들은 어찌나 소박하고 아름다운 영성의 향기를 풍기는지 돌아가신 후에는 더욱 맑고 깊은 슬픔 속의 위로가 되어 줍니다. 제가 예비수녀 시절에는 '해라'체로 쓰셨지만, 첫 서원을 하고 나서는 '습니다'체로 이어갔던 어머니의 편지 한 절을 소개하고 싶습니다. 저도 어머니를 닮은 강한 믿음, 고운 마음씨의 복된 수녀가 될 수 있도록 기도해 주십시오.

(……) 두 딸이 있는 수녀원을 다녀오면 삶의 용기가 더욱 강하게 느껴지곤 했는데 (……) 막내가 미국 가고 없으니 요즘은 수녀들 소식도 멀어지는 느낌으로 이모저모 아쉽고 기다려지기도 해요. 그러나 어린것들을 생각하면 내 망녕된 욕심은 움찔해지지요. 수녀는 이제 힘에 겨운 직책을 지게 되어 서울에도 잘 못 오는지? 그야말로 한 해가 야속할 정도로 빠르네요. 엄마도 나이 한 살 더 먹을 때마다 조마조마한 삶으로 기회 놓칠세라 기도하며 살아가지요. 작은수녀 털바지 떠서 두었는데 다음번에 갖고 가든지 부치든지 좋을 대로 합시다. 참 오늘 성당 회합에서 어떤 자매가 해인 수녀의 시를 읽었는데 다른 회원이 너무 좋다고 내게 부탁을 해요. 산처럼 무게 있는 침묵과 겸덕을 표현한 내용인데 끝부분마다 ~하리, ~하리가 나오던데 기억을 못해 미안하군요. 밤이 늦어 두루 안부 전하며 이만 끊으리다.

서울에서 엄마 소식

《부산일보》2007. 11. 5.

나를 기쁘게 하는 것들

사랑의 먼 길을 가려면
작은 기쁨들과 친해야 하네
아침에 눈을 뜨면 작은 기쁨을 부르고
밤에 눈을 감으며 작은 기쁨들을 부르고
자꾸만 부르다 보니
작은 기쁨들은
이제 큰 빛이 되어 나의 내면을 밝히고
커다란 강물이 되어 내 혼을 적시네
내 일생 동안 작은 기쁨이 지어 준
비단 옷을 차려입고
어디든지 가고 싶어
누구라도 만나고 싶어

고맙다고 말하면서

즐겁다고 말하면서

자꾸만 웃어야지

-이해인, 〈작은 기쁨〉 전문

✤

　새해 새봄을 맞으며 '행복하세요!', '기쁘고 즐거운 시간 보내세요!', '좋은 일만 가득하시기를!' 하는 덕담을 수도 없이 들었다. 올 한 해 내가 결심한 것 중의 하나는 하루 한 순간을 소중히 여기며 작은 기쁨들을 많이 만드는 것이다. 결심하고 다짐한다고 해서 기쁨이 오는 것일까 반문할지 모르지만 의식적으로 노력하다 보면 참으로 많은 기쁨들이 여기저기서 달려오는 것을 본다.

　아침에 눈을 뜨면 아직 내 심장이 뛰고 있고 숨을 쉬는 것에 대하여 새롭게 감사하고 기뻐한다. 기도 시간에 기억할 사람이 많은 것도 새롭게 기뻐하고, 식탁에서는 소박한 상차림이지만 하루 세 끼 굶지 않고 먹을 수 있는 은혜를 또 새롭게 기뻐한다.

　마주 앉거나 옆에 앉은 동료가 지니고 있는 나와 다른 점을 재미있게 받아들이며 기뻐한다. 일터를 향하며 하늘과 바다를 볼 수 있는 것도 새롭게 기뻐한다. 짬짬이 좋은 책을 읽거나 음악을 듣고 산책도 할 수 있는 휴일의 시간을 늘 처음인 듯 설레며 기뻐한다. 예기치 않게 찾아오는 손님들이 더러는 나를 힘들게 하여도 이 만남을 통해 어떤 숨은 뜻을 알아듣고 배울 수 있지 않을까 긍정적으로 받아들이며 기뻐한다.

마음에 드는 사람만 사랑하는 것은 누구나 할 수 있다. 그러나 자기 마음에 안 들고, 성격도 안 맞고, 하는 일마다 못마땅하게 생각되는 어떤 사람을 진심으로 이해하고 받아들이는 노력을 해서 그것이 사랑으로 변할 수 있다면 참으로 아름다운 승리가 아니겠는가? 나는 이제사 조금 알 것 같다. 때로는 내 맘에 안 드는 사람을 진정으로 환대하고 받아들일 때 서로 막혀 있던 통로가 트이고, 조그만 사랑의 기적이 일어날 수 있음을……. 그리고 이 기쁨은 그 무엇과도 바꿀 수가 없음을…….

†

나는 수도자의 신분이다 보니 여행길에서도 종종 사람들로부터 축복 기도를 해달라는 부탁을 받곤 하는데, 이제는 무조건 못 한다고 피할 것이 아니라 아주 평범하고 간단한 표현이라도 하려고 마음먹는다. 대학에 입학했거나 갓 결혼한 이들에겐 새 출발의 기쁨을, 아픈 이들에겐 치유의 소망을, 여행하는 이들에겐 안전한 귀가를 기원하는 말을 해주면 될 것이다.

†

며칠 전 모처럼 높은 산에 올라갔다. 사람들이 함부로 쓰레기를 버리는 자리에 주의사항 두 개가 붙어 있는데, 한 곳에는 "열 사람이 줍기보다 한 사람이 안 버리기!", 또 한 곳에는 "마음의 찌꺼기만 버리고 가십시오."라고 써 있었다. 어느 절에는 "아니 온 듯 다녀가시옵소서."라고 적혀 있다더니……. 단순히 "쓰레기를 버리지 마시오!", "엄벌에 처함!"이란 말보다는 얼마나 정겹고 따뜻한 표현인가!

✝

　근래에 우리 집에 오신 어느 사제께서 누구의 재능과 장점을 말할 때면 꼭 "그분의 좋은 점은 우리를 위해서도 특별한 선물이지요!"라고 하시는데, 그 표현이 따뜻하고 좋았다. 나도 사람들을 만나면 언제나 격려하고 위로하고 희망을 주는 축복의 말을 해주어야지 다짐해 본다.
　좋은 말, 긍정적인 말, 밝은 말을 더 많이 하고 사는 새해 새봄이 되길 기도한다. 입만 열면 다른 이를 비방하는 이들이 있는가 하면, 입만 열면 다른 이의 좋은 점을 말하며 비난보다는 격려의 말을 하고 누가 험담을 할라치면 오히려 덮어 주거나 변명해 주려고 애쓰는 이들도 있다.

　한마디의 친절한 말은 의기소침한 사람들에게 격려를 준다. 그리고 잔인한 말은 다른 사람들로 하여금 무덤에 가는 날까지 흐느껴 울게 만든다. -풀톤 쉰 주교의 어록 중에서

　실없이 칭찬하면 말이 무게를 잃는다. 근거 없이 비방하면 비난이 내게로 돌아온다. 지위가 높은 사람의 한마디는 아랫사람의 인생을 들었다놓았다 한다. 좋은 말도 가려서 하고, 충고도 살펴서 하라. 무심코 던진 한마디가 비수가 되어 박힌다. 뜻 없이 한 행동이 걷잡을 수 없이 커진다. 말과 행동이 사려 깊지 못해 원망을 사고 재앙을 부른다. -다산 정약용의 어록 중에서

✝

　비가 온 뒤도 아닌데 아침에 쌍무지개가 뜨니 침묵해야 하는 수도원

복도에서 다들 환호성을 지르며 야단이었다. 혼자 보기 아깝다며 다른 이들을 부르고, 즐겁게 웃고……. 아름다움은 우리를 묶어 주는 힘이 있다. 비 내린 뒤에 다시 보는 눈부신 햇빛, 나뭇잎을 스치는 바람 소리에 종종 눈물이 날 때가 있다.

†

아침엔 설거지를 하다가 해 뜨는 광경을 보고 감탄사를 연발했지만 딱히 떠오르는 표현이 없어 안타까웠다. 그냥 아아! 하기만 할 뿐……. 요즘 부산의 하늘은 어찌나 맑고 밝고 투명한지! 밤에는 별들도 유난히 반짝이고, 날씨가 차가울수록 하늘과 바다의 빛깔도 더욱 푸르네. 날마다 새롭게 감탄하면서 즐기고, 즐기면서 감탄한다. 정원에 나가 봄을 준비하는 꽃나무들에게도 인사해야지.

적당히 숨기려 해도
자꾸만 기쁨이 웃음으로 삐져나오네
억지로 찾지 않아도 이제는 내 안에 뿌리박힌 그대
어디에 있든지 누구를 만나든지
내가 부르기만 하면 얼른 달려와 날개를 달아 주는
얼굴 없는 나의 천사
고마운 기쁨이여

-이해인, 〈내 안의 기쁨〉 전문

《당신이 축복입니다》 2008년 4월호

12월의 편지
지상의 행복한 순례자

　12월이 되니 벌써 크리스마스카드들이 날아옵니다. 해마다 달랑 한 장 남은 달력을 보면 늘 초조했는데 올해는 오히려 느긋하게 웃을 수 있는 나를 봅니다. 이별의 슬픔과 몸의 아픔을 견디어 내며 '아직' 살아 있는 것에 대한 감동 때문이 아닐까 합니다.
　어느 날 김수환 추기경님의 병실에서 그분과 함께 깨죽을 먹은 후 내가 기도를 부탁했을 때 하도 말을 길게 하시길래 "힘드신데 좀 짧게 하시죠." 하니 "상대가 문인이라 나름대로 신경 좀 써서 하느라 그랬지!"라고 웃으며 대답하셨던 그 모습이 잊히지 않습니다. 하늘나라에서도 우린 꼭 한 반 해야 한다고 말했던 화가 김점선, 고운 카드와 스티커를 즐겨 선물했던 장영희 교수, 문병 와서 덕담을 해주던 옛 친구 윤영순……. 모두 다 저세상으로 떠난 슬픔 속에 추모시 쓰느라 바빴던 한 해였습니다.

1980년대 내가 돌보던 앳된 지원자들이 이번에 서원 25주년을 지내는 모습을 눈물 어린 감동 속에 지켜보면서 이만큼 오래 살았으니 이젠 떠나도 크게 아쉬울 것 없다는 생각을 잠깐 해보기도 했습니다. 만날 적마다 "좀 어떠세요?" 하고 나의 건강상태를 묻는 이들에겐 단적으로 표현하기 어려워 주춤할 때가 많습니다. 겉으로는 괜찮아 보여도 실은 괜찮지 않은 경우가 많은 것이 암환자의 특성이기에 말입니다.

　새벽에 문득 입에서 쓴맛을 느끼며 한 모금의 달콤한 주스를 그리워하고, 어느 순간엔 곁에 있는 종이 한 장도 집기 싫은 무력증에 빠지고, 의사나 환자의 한마디에 필요 이상으로 민감해지고, 예측불허인 미래에 대한 불안으로 의기소침해지면서 '암환자의 고통은 설명 불가능한 것'이라는 말을 실감하곤 합니다.

　항암과 방사선치료의 터널을 지나고 나면 몸의 아픔 못지않은 마음의 아픔이 우울증으로 연결되는 일도 많은 듯합니다. 늘상 '명랑 투병' 하겠노라고 자부해 왔으나 실은 나 역시 내 자신의 아픔 속에 갇혀 지내느라 마음의 여유가 그리 많지는 않았습니다. '잘 참아내야 한다'는 의무감과 체면 때문에 통증의 정도가 7이면 5라고 슬쩍 내려서 대답한 일도 많습니다.

　병이 주는 쓸쓸함에 맛들이던 어느 날 나는 문득 깨달았지요. 오늘 이 시간은 '내 남은 생애의 첫날'이며 '어제 죽어간 어떤 사람이 그토록 살고 싶어 하던 내일'임을 새롭게 기억하면서 정신이 번쩍 들었습니다. 지상의 여정을 다 마치는 그날까지 이왕이면 행복한 순례자가 되고 싶다고 작정하고 나니 아픈 중에도 금방 삶의 모습이 달라지는 것을 발견했습니다.

마음엔 담백하고 잔잔한 기쁨과 환희가 물안개처럼 피어올라 전보다 더 웃고 다니는 내게 동료들은 무에 그리 좋으냐고 되묻곤 했습니다. 내가 그들에게 답으로 들려주던 평범하지만 새로운 행복의 작은 비결이랄까요……. 어쨌든 요즘 들어 특별히 노력하는 것들 중 몇 가지를 적어 봅니다.

그 하나는 무엇을 달라는 청원기도보다는 이미 받은 것에 대한 감사기도를 더 많이 하는 것입니다. 그러면 감사할 일들이 갈수록 더 많아지고 나보다 더 아프고 힘든 사람들의 모습까지 보이기 시작합니다. 몸과 마음으로 괴로움을 겪는 이들의 고통을 이해하고 들어 주는 마음의 여유도 생겨서 가끔은 위로의 편지를 쓰고 양로원과 교도소를 방문하기도 하지요. 인간의 능력에는 한계가 있어 그렇게까지 큰 도움을 주진 못할지라도 마음을 읽어 주는 작은 위로자가 되는 것 하나만으로도 나눔의 행복을 누릴 수 있습니다.

또 하나는 늘 당연하다고 여기던 일들을 기적처럼 놀라워하며 감탄하는 연습을 자주하는 것입니다. 그러다 보니 일상의 삶이 매 순간마다 축제의 장으로 열리는 느낌입니다. 아침에 일어나 신발을 신는 것도, 떠오르는 태양을 다시 보는 것도, 식탁에 앉아 밥을 먹는 것도 얼마나 큰 감동인지 모릅니다. 수녀원 복도나 마당을 겨우 거닐다가 뒷산이나 바닷가 산책을 나갈 수 있을 적엔 춤이라도 추고 싶은 심정이었지요.

길에서 만나는 모르는 이웃조차 어찌 그리 정겹게 여겨지는지! 최근에 읽은 함민복 시인의 산문집 〈길들은 다 일가친척이다〉를 화두처럼 뇌이며 만나는 이들에게마다 "반가워요. 다 저의 일가친척 되시는군요!" 하는 사랑의 인사를 마음으로 건넵니다. "사람이 풍경일 때처럼 행복한 때는 없다"고 표현한 정현종 시인의 시집에서 발견한 '꽃시간'이라는 예쁜 단어도 떠올리며 '그래, 나는 걸음걸음 희망의 꽃시간을 만들어야 해!'라고 다짐합니다.

또 다른 하나는 자신의 실수나 약점을 너무 부끄러워하지 말고 솔직하게 인정하는 여유를 지니도록 애쓰는 것입니다. 부탁받은 일들을 깜박 잊어버리고, 엉뚱한 방향으로 길을 가고, 다른 이의 신발을 내 것으로 착각해 한동안 신고 다니던 나를 오히려 웃음으로 이해해 준 식구들을 고마워하며 나도 다른 이의 실수를 용서하는 아량을 배웁니다.

마지막 하나는 속상하고 화나는 일이 있을 때는 흥분하기보다는 '모든 것은 다 지나간다'는 것을 기억하면서 어질고 순한 마음을 지니려고 애씁니다. 분수에 맞지 않는 욕심과 이기심이 슬며시 고개를 들 때면 '모든 것은 다 지나간다'고 또 한번 자신에게 나직이 일러줍니다. 인간관계가 힘들어질 적엔 '언젠가는 영원 속으로 사라질 순례자가 대체 이해 못 할 일은 무엇이며 용서 못 할 일은 무엇이냐'고 얼른 마음을 바꾸면 어둡던 마음에도 밝고 환한 평화가 찾아옵니다.

세상은 그래도 살 가치가 있다고
소리치며 바람이 지나간다
(……)
사랑은 그래도 할 가치가 있다고
소리치며 바람이 지나간다
(……)
슬픔은 그래도 힘이 된다고
소리치며 바람이 지나간다
(……)
사소한 것들이 그래도 세상을 바꾼다고
소리치며 바람이 지나간다

- 천양희, 〈지나간다〉 중에서

《조선일보》 2009. 12. 4.

제2장
어디엘 가도 네가 있네
우정일기

너에게 편지를 부치러 우체국에 가는 길, 오늘은 비가 내리네. 나를 향한 동그란 그리움과 기도……
멈추지 않는 나의 웃음을 어찌 알고 동그란 빗방울들이 봉투에 먼저 들어가 있네.

여고 시절 단짝 친구와 함께(1963)
지금은 같은 수녀회에 있는 모데스타 수녀(오른쪽)

꽃을 보고 오렴

네가 울고 싶으면
꽃을 보아라

웃고 싶어도
꽃을 보아라

늘 너와 함께할
준비가 되어 있는 꽃

꽃은 아름다운 그만큼
맘씨도 곱단다
변덕이 없어
사귈 만하단다

네가
나를 만나러 오기 전
꽃부터 먼저 만나고 오렴

그럼 우리는 절대로
싸우지 않을 거다
누구의 험담도 하지 않고
내내 고운 이야기만 할 거다

언제부터인가 나는 친구에 대한 좋은 책을 하나 엮고 싶은 꿈이 있었습니다. 인터넷에 들어가면 친구에 대한 나의 글들이 여러 종류의 동문 사이트에 인용되는 걸 보았기에 우정을 주제로 한 문집을 구상해왔고, 우선 내가 쓴 친구시들을 모으며 그냥 나 자신의 우정일기를 제목 없는 편지 형식으로 적기 시작했습니다. 부족한 부분도 많지만 그런대로 정겨운 느낌이 듭니다.

이 오랜 우정일기를 힘들 때일수록 서로 사랑하면 된다고 끊임없이 격려해 준 나의 친구들에게 바치고 싶습니다. 나의 쾌유를 빌어 주며 물심양면으로 도와준 벗들에게 전하는 내 고마움의 편지이기도 합니다. 이 글들에 표현된 친구들의 모습은 어느 특정한 개인이기보다는 오랜 세월 동안 경험한 여러 친구들의 총체적인 모습이라고 볼 수도 있겠습니다. 여기 담긴 생각들이 우정을 가꾸어가는 세상의 모든 친구들에게 작은 기쁨과 위로가 될 수 있길 기대해 봅니다.

친구에겐 내 감정을
도무지 숨길 수가 없네요

표정 하나도 놓치지 않으니
도무지 거짓말을 할 수가 없네요

그는 내가 필요한 것을
참 용케도 알아차리네요
하느님도 아니면서……
-이해인, 〈친구에겐〉 전문

1

어제의 그리움은 시냇물이고,
오늘의 그리움은 강물이고,
내일의 그리움은 마침내 큰 바다로 이어지겠지?
너를 사랑한다, 친구야.

2

오늘은 잔디밭에서 새들과 함께 놀았어.
네잎 클로버를 찾고 있는데 새 두 마리가 와서 같이
찾자는구나. 새들도 친구를 데리고 다니더라…….
나는 또 너를 생각했지. 바람도 내 옆에서 가만히 웃고 있다…….

3

몸이 아프니까 네가 더욱 생각난다. 네가 더욱 보고 싶다. 세월이 많이 가도 보고 싶은 마음은 조금도 줄지를 않네……. 너는 아프면 안 돼. 내가 아픈 것으로 충분해. 하루에도 몇 번씩 너를 생각하며 아픈 것도 잘 참는 나를 오늘은 더 따듯하게 칭찬해 주지 않을래, 친구야.

　_며칠 전에는 급성으로 통풍까지 앓았다. 이제 아픔에 웬만큼은 익숙해졌다 싶은데도 왼손뼈로 오는 통증을 겪어 보니 힘이 들었다. 그래도 웃으며 참으려고 노력하니 스스로 대견한 생각이 들기도 하여 친구에게 살짝 칭찬을 부탁했지.

4

뭐 필요한 거 없니? 내가 할 수 있는 것이면 무엇이든지 말해!
내게 필요한 것은 아무것도 없고 오직 너만 필요하다고
대답하자마자 너는 아무 말 없이 전화를 끊었지…….
나는 진심이었는데 농담으로 받아들였니? 혹시 감동받아 그랬니?
몸이 아프고 나서 갑자기 의욕도 욕심도 없어진 내가 불안하고
슬퍼서 그랬니? …… 어쨌든 나에겐 네가 필요하단다. 어떤 물건이
아니라 존재 자체로의 소중한 별 네가 필요하단다, 친구야.

5

좋은 음악을 듣다가 좋은 책을 읽다가 문득 네가 보고 싶어 가만히
앉아 있을 때가 있지. 그것이 너를 위한 나의 기도…….
그런 날은 꿈에서도 너를 본다, 친구야. 그동안 내가 네게 말을
다 안 했지만, 일일이 다 할 수도 없었지만, 내 꿈길의 단골손님이
바로 너인 걸 알고 있니?

6

건강을 위해 더 절제하는 법을 배우고, 음식도 조심해서 먹으라고 부쩍
잔소리가 심해진 친구야. 내가 네게 대답을 정성껏 하지 않고 건성으로
한다 여겼는지 불같이 화를 내서 나를 놀라게 하던 친구야. 그런 네가
나는 든든하고 좋았지. 화를 내도 예쁘기만 한 나의 애인이었지.

7

오늘은 안개 낀 바닷가에 나갔어, 친구야.
큰 비를 맞고 나서 더 깊어지고 넓어진 바다가 너의 마음으로 나에게
달려오고 있었단다. 파도에 발을 적시며 네게 보낼 조가비를 줍는데
어느새 네가 내 곁에서 속삭이고 있었지. '사랑해'라고…….

8

힘들 땐 너무 참지 말고 실컷 울어 보라고, 우는 것도 깨끗한 기도가
될 수 있다고 너는 말했지? 몸이 힘들 적엔 나무 밑에 가서 조금 울고
마음이 힘들 적엔 성당에 가서 조금 울고 그러면 정말 편안해지곤
했단다. 내가 쏟아 낸 눈물은 하얀 소금꽃이 되어 어디선가 나를
기다리고 있겠지? 친구야…….

9

기도하려고 성당에 앉아 있어도 마음이 답답하고 우울하다는 나의 친구
야. 오늘은 나랑 같이 시장에 가자. 꼭 무엇을 사지 않더라도 여기저기
기웃거리며 흥정하는 사람들의 생동감 넘치는 목소리를 듣고 싱싱한 채
소와 과일의 향기, 생선 냄새도 맡으면서 삶을 이야기하자, 친구야. 시
장 사람들의 그 열정적인 눈빛과 부지런한 손길을 보면 우울함도 사라
지겠지?

　_살기 싫다, 죽고 싶다고 푸념하는 이들의 다양한 하소연을 들으면 나도 금방 우울해진
다. 그런 날은 나도 딱히 살 게 없어도 동네 시장을 가로질러 산책을 간다.

10

내가 아주 조금만 마음 쓰고 잘해 주어도 고맙다 고맙다 내게 되풀이해 말하는 너. 네가 본의 아니게 나를 조금 서운하게 만들었다 싶으면 귀찮을 정도로 미안하다 미안하다 내게 되풀이해 말하는 너.
나에게 착한 마음이 없어져 갈 땐 너를 더욱 그리워한단다.
착한 마음 오라고 손짓한단다, 친구야.

> 아주 사소한 일에도 크게 감동하고 고마워하는 이들을 보면 '나도 그래야지' 결심하게 된다. 사랑의 길을 잘 걸으려면 예민한 귀와 눈과 마음이 필요하다.

11

내가 아프다는 말을 듣고 기도의 분량을 더 많이 늘렸다고 너는 말했지. 혼자서만 맛있는 것 먹는 것도 미안하고, 혼자서만 아름다운 곳 찾아다니는 것도 미안하다고 했지. 너는 늘 미안하다 미안하다 하고, 나는 늘 괜찮다 괜찮다 하고, 그러는 동안 시간은 잘도 흐르는구나.
세월과 함께 우리도 조금씩 늙어가는구나…….

12

친구야, 늘 하는 말이지만 네가 내게 준 행복을 어떻게 다 감사할 수 있겠니? 네가 내게 준 사랑을 어떻게 다 헤아릴 수 있겠니? 그래서 나는 그냥 침묵 속에 네 이름을 부르는 기도만 한다. 기도가 잘 안 될 적엔 바닷가에 나가 가만히 수평선을 바라본다.

13

오늘은 호숫가에서 너를 생각한다.

호수는 고요하게 하늘과 산을 안고 있고 내 마음은 고요하게 너를 향한 그리움을 안고 있다. 물소리 하나 없는 침묵의 호수처럼 나도 너를 위해 고요를 배우겠다, 친구야.

> 말 안 해도 다 알 수 있고 헤아릴 수 있는 침묵의 힘. 언어는 때로 미로와 같지만 침묵의 길은 의외로 단순하다. 우정은 침묵을 좋아한다. 너무 많은 말은 방해가 된다.

14

친구야, 내일 너를 만나기로 하였는데 오늘부터 좋아서 자꾸만 웃음이 나네. 설레는 마음으로 시간을 보는데 동그란 시계 위에서 네 얼굴이 웃고 있다. 기다리는 시간은 왜 이리 지루한지!

15

친구야, 만나면 많은 이야길 나누자고 늘 약속하는 우리지만 막상 만나면 그냥 바라보며 웃기만 하고 차만 마시고…….

할 말이 너무 많아 할 말이 없는 우리…….

그렇게 또 시간은 흘러가고…….

> 편지에 썼던 말을 만나서 하긴 쑥스러워 괜히 겉도는 이야기만 하고, 마음 같지 않게 싱거운 말만 하고, 그래도 만남은 항상 즐거운 것. 살아서 몇 번이나 더 만날 수 있을까……. 더러 그런 생각을 하다가 이내 즐겁게 방향 전환을 한다. '지금 이 순간만 생각하자'고!

16

네 고운 이름을 꽃잎 위에 적어 본다.
네 맑은 이름을 유리창에 적어 본다.
아무리 불러도 지루하지 않은 너의 이름…….
오늘은 산에 와서 나무 위에 적어 본다.
흐르는 시냇물 위에 적어 본다.
내가 하고 싶은 모든 말들이 여기에 와 있구나, 친구야.

17

오늘은 바람이 많이 분다.
가는 길이 힘든데도 자꾸만 웃음이 난다.
우리 함께 걸어온 우정의 길엔 바람도 많이 불었지만
바람을 함께 안으면 축복이 되었다.
바람이 가르쳐 준 가을 노래를 부르며 너를 생각하니 행복하다.

18

친구야, 난 그냥 네가 좋다. 왜 좋으냐고 물으면 답을 못 하겠어.
네가 웃는 것도 예쁘고, 우는 것도 예쁘고, 질투하는 것도 예쁘고,
나에게 괜히 투정하며 화를 내는 것도 예쁘고, 맘에 안 드는 게 하나도
없어. 아무 이유 없이 그냥 좋은, 무조건 좋은 이것이 사랑이겠지?
너도 내가 그냥 좋으니?

19
내가 깎아 준 과일을 맛있게 먹는 네 모습을 보니
내 마음 속엔 과일 향기 가득하다. 고요한 기쁨이 과일처럼 익어 간다.

20
산을 오르다가 그늘에서 종종 만나는 이끼가 고와서, 버섯들이 예뻐서 한참을 서 있곤 한다. 내 마음의 어느 기슭에서 우연히 발견한 조그만 슬픔처럼 잊혀졌던 아름다움이 나를 더욱 행복하게 하는 것, 너는 알고 있지? 친구야.

21
친구야, 너는 나의 책 나는 너의 책.
오랜 세월 지나도 아직 읽을 게 너무 많아 행복하다.
우리의 우정은 언제나 끝없는 연구의 대상임이 행복하지 않니?

22
무소식이 희소식이라고 습관처럼 네게 말하곤 했지만 정작 연락이 없으면 초조하고 불안하다. 그러다가 어느 날 문득 전화로 네 목소리를 듣거나 편지를 받으면 내 마음은 금방 이슬 맺힌 풀잎이 된다. 갑자기 세상이 더 환해진다.

_서로의 안부를 궁금해 하는 이들끼리 오랜만에 서로의 목소리를 듣는 일은 평범하지만 놀라운 행복이다. 건강하게 살아서 듣는 목소리는 어떤 음악보다 아름답고 힘이 있다.

23

친구야, 네가 내 곁에 있으므로 세상이 아름답고, 사람들이 정겹고, 자연이 사랑스럽다. 순간순간이 가슴 뛰는 기다림이고 설렘이다. 봉숭아 꽃물 든 세월 속에 너와 나의 우정은 이제 사랑보다 더 깊고 그윽해서 행복하다. 내 어느 날 세상을 떠날 때에도 이런 마음 그대로 갖고 가고 싶다. 사랑하는 친구야.

24

너에게 편지를 부치러 우체국에 가는 길, 오늘은 비가 내리네. 너를 향한 동그란 그리움과 기도……. 멈추지 않는 나의 웃음을 어찌 알고 동그란 빗방울들이 봉투에 먼저 들어가 있네.

> 동네 우체국에 가는 길은 늘 행복하다. 편지를 쓰는 일은 살아서 할 수 있는 아름답고 거룩한 소임이다. 때론 허름한 옷에 앞치마까지 두르고 간 적도 있는데 "수녀님이 정말로 글 쓰는 해인 수녀님 맞으시나요? 멀리 계시다고 여기던 분이 바로 앞에 계시니 참 신기하네요." 우편물 점검하던 여직원이 웃으며 차 한 잔을 권했다.

25

네 이름을 부르면 고운 꽃향기가 난다.
한 마리 나비가 날아오르는 것 같다. 멀리 뛰어도 숨이 차지 않다.
한 편의 시와 같은 이야기들, 아주 오래전에 네가 내게 들려준 이야기들, 처음 듣는 노래처럼 반갑고 설레는구나. 오늘은 이 말을 그대로 너에게 돌려주며 다시 시작하는 새날이다, 친구야.

26

사랑하는 친구야, 너와의 우정은 나에게 사랑의 집을 지어 주고, 희망의 길을 열어 주고, 기쁨의 노래로 피어났단다. 이 선물을 날마다 새롭게 감사하며 나의 일생은 내내 행복했단다. 내내 기도가 되었단다.

27

너의 웃음과 나의 웃음이 포개지니 세상은 어찌 이리 밝고 환한지!
너의 눈물과 나의 눈물이 섞이니 세상은 어찌 이리 어둡고 쓸쓸한지!
너의 기도와 나의 기도가 하나로 이어지니 아름다운 하늘나라가
이 세상에 이미 와 있는 것 같구나, 친구야.

28

네가 나를 바라보던 그윽한 눈길을 잊을 수 없다. 내가 몹시 힘들 적에 가만히 내 손을 잡아 주던 따뜻한 손길을 잊을 수 없다. 나를 잠시 만나기 위해 단숨에 먼 길을 달려왔던 너의 그 고운 발걸음을 정말이지 잊을 수가 없다, 친구야.

29

틈만 나면 나에게 새를 그려 주던 친구야. 네가 그려 준 새들은 내 가슴 속에서 둥지를 틀고 고요히 노래하는 희망이 되었단다. 언제라도 날개를 펴서 나를 위로해 주고, 길을 안내하는 기쁨이 되었단다.

30

너를 만나지 않았으면 나의 삶은 어떠했을까?

내가 사막에 있을 때 오아시스가 되어 주고,

나무그늘이 되어 주고, 꽃이 되어 준 친구야.

정말 고마워.

시간은 자꾸만 흘러가는데 내 마음을 잘 표현하지 못해서 정말 미안해.

31

어쩌다 내가 누구를 좀 흉보려고 하면 어느새 다른 이야기로 돌려서

더 이상 나쁜 말을 못하게 하는 너.

고운 말만 해야 어울린다며 선생님처럼 말했던 너.

그때는 조금 원망스러웠는데 시간이 가니 네가 더욱 고맙구나, 친구야.

네가 새삼 멋지구나, 친구야.

32

다른 사람들은 그저 무심히 듣고 마는 나의 말들을 하나하나 정성껏

들어서 나를 놀라게 하는 친구야. 나도 잊어버린 말을 잘도 기억하고

있는 친구야.

'관심 있으면 잘 듣게 돼. 그러니까 친구잖아.'라고 너는 말했지.

때로는 나에 대해 나보다 더 잘 아는 네가 곁에 있어 내가 얼마나

고마워하는지 너는 알고 있니?

33

세상을 떠나 수도원에 오래 살았는데도 세상 사람 모두가 다 친척처럼 여겨지고, 내가 가는 장소 모두가 다 집으로 여겨지고……. 내가 이상하다 했더니 너는 이런 마음도 축복이라고 해석했지? 그래서 참 고마웠어.

34

잘 있어, 잘 가.
서로 먼저 인사하고 헤어졌는데 금방 보고 싶은 우리. 떠나는 뒷모습을 보면 내내 서운해서 눈물부터 나는 우리. 기쁜 만남도 아름답지만 슬픈 이별도 우리를 이만큼 어른으로 키워 준 것 다시 고마워하자, 친구야.

_ '이별은 기도의 출발'이라고 고백한 적이 있지만 이별의 순간만은 슬프다. 그러나 이별의 슬픔을 잘 다스리는 일은 한결 성숙한 사람이 되는 길이기도 하다.

35

네가 농사지어 보내준 포도 잘 받았어. 큰 수술 이후
회복기의 금식을 깨고 과일 먹는 것이 허락됐을
적에 처음으로 내가 먹던 그 황홀한 포도
한 알의 맛! 그 맛은 나에게 지구 전체
를 대표하는 살아 있음의 맛이었어.
그 맛을 기억하며 오늘도 너에 대한
고마움으로 포도 한 알을 입에 넣는다.

36

친구야, 오늘은 안개 낀 길을 걸어 수사님들이 사는 수도원으로
미사를 다녀왔어. 산안개 강안개가 낀 새벽길은 신비하고 아름다웠어.
오는 길엔 안개가 걷혀 있었지.
우리는 안개 속을 헤매다 잠시 길을 잃기도 했단다. 우왕좌왕하다가
시간을 놓치기엔 우리의 삶이 잠깐이고, 모든 것은 지나간다는 말을
다시 기억하지 않을 수가 없었어. 오늘 이 순간에 대한 고마움을
안개 속에서 새롭게 알게 된 하루였단다.

> 두 수녀들과 같이 휴가를 보내던 화순군 도곡면 신성리에서 새벽 미사를 가던 기쁨. 안개가 걷히고 나면 그 집은 밝고 고운 햇빛으로 눈부셨다. 빨래를 널면 금방 말랐고, 마당엔 해의 사랑을 받는 꽃들이 가득했지. 우리에게 기꺼이 집을 빌려 주고 넉넉한 남도 인심으로 사랑의 햇빛이 되어 주신 분들에게도 고마운 마음 가득했지.

37

요즘 우리 수녀원 동산은 잔디밭과 푸른 숲 사이로
온통 백합의 잔치란다. 새들도 자주 놀러 나와 우리가 하는 일을
즐겁게 참견하는 광안리 우리 집.
네게도 꼭 보여 주고 싶은 천국의 풍경이야.
해마다 늘어나는 백합을 보면서 하느님을 향한 나의 사랑도
순결한 기도로 다시 피어나고 있음을 축하해 주렴, 친구야.
꽃 속에 감춰진 꽃술에서 꿀을 따듯이
나는 날마다 섬세한 기쁨을 따 먹고 있음을 기뻐해 주렴, 친구야.

38

어느 성당에서 강의를 하기 전에 사람들이 나의 흰 수도복 위에
감꽃목걸이를 걸어 주었어. 어찌나 황홀하던지! 내 마음속 이야기가
감꽃으로 피어나는 걸 보았어.
이 이야기가 어느 날 잘 익은 감이 되면 네게도 보내줄게, 친구야.

_상주의 어느 성당에서 받았던 감꽃목걸이는 두고두고 기억에 남는다. 예비수녀 시절 수녀원에서 함께 생활했던 두 자매를 그 성당에서 수십 년 만에 만났는데 나를 준다고 떡을 해왔지. 그들의 소박한 웃음도 감꽃을 닮았었지…….

39

친구야, 오늘은 한가위 날.
너도 송편을 먹으며 가족들과 즐거운 시간을 보냈을 테지?
나는 끝기도 마치고 나서 둥근 달을 바라보고 별도 보면서 성당 앞의
옥상을 혼자 거닐었어. 장독대의 항아리들도 달빛을 받고 기뻐하더라.
삼십여 년 전의 어느 날 좁은 돌 틈에 핀 민들레 한 송이를 발견하고
시상을 떠올렸던 바로 그 자리를 거니노라니 여러 가지로 감회가
깊었어. 지상에서의 내 남은 날들도 달빛과 같기를 기도하니
하늘 높은 곳에 떠 있는 달님이 다정하고 환하게 웃어 주더라.
고맙다고, 반갑다고 마음으로 절했어.

_내가 '민들레의 영토'라 부르기도 하는 이곳 광안리 본원에서 참 오래 살았다는 생각이 들기도 하고, 시간이 눈 깜짝할 사이에 빨리 지나간 것도 같다. 얼마 전에 입회한 열 명의 새 자매 민들레들은 내가 없을 때 들어와서 아직 얼굴도 모른다. 까마득한 나의 후배 수녀들도 달빛처럼 고요하고 부드러운 세상의 누이들이 되었으면 한다.

40

내가 아플 때 찾아온 네가 내 손에 쥐어준 색연필 한 자루…….
마음을 희망으로 물들여 꽃보다 아름다운 시를 쓰라는 거지?
너는 내게 진주조개도 한 개 주었지. 긴 말 안 해도 다 알아.
오늘의 아픔을 잘 견디어 나도 마침내 빛나는 진주가 되라는 거지?

41

안 울려고 했는데 자꾸만 눈물이 난다고 작별 인사를 하며 내 손을
잡던 친구 수녀야. 나도 너를 따라 울면서 가슴이 아려온다.
"잘 가, 응? 건강해야 돼. 기도 안에서 만나."
이렇게 말하며 가만히 하늘을 본다. 해마다 인사이동 철이 되면
우리는 더 눈물이 많아진다. 세상에는 왜 이별이 많은지 갈수록
슬프다고 나직이 고백하며 성당에서 무릎을 꿇는다.

42

우리가 함께 걷던 길들이 새삼 아름답게 느껴진다고 너는 말했지.
함께 웃던 시간들이 모두 꽃으로 피어나 고맙다고 했지.
나도 그래, 대답하며 땅을 내려다보는데 눈물이 핑 돌았단다, 친구야.
내가 한 송이 꽃이 되는 것 같았단다, 친구야.

> 함께할 수 없을 땐 함께했던 시간들이 더 소중하고 아름답게 여겨지는 법. 함께 밥 먹고, 일하고, 웃고, 이야기하는 평범한 일상의 일들이 아득한 옛일처럼 귀하게 여겨진다. 아파서 혼자 따로 누워 있을 적에는 더욱…….

43

우리 만남의 기쁨이 하도 커서 별나라에 다녀온 것 같다고 너는 말했지. 나도 그래, 대답하며 하늘을 보는데 눈물이 핑 돌았다.
내가 이 세상 사람이 아닌 것처럼 몸과 마음이 가벼웠단다, 친구야.

44

너의 재능과 좋은 성격을 은근히 질투하다가 나도 조금씩 흉내를 내보니 좋은 마음을 갖게 되었다. 나도 없는 여행길에서 네가 다른 사람들과 웃고 이야기하는 것을 남몰래 질투하다가 많은 이들이 너를 좋아하는 것이 나에게도 선물이 된다 생각하니 마음이 편안해졌다. 질투심도 잘만 이용하면 한 송이 꽃이 되고 기도가 되는 것을 다시 알았다, 친구야.

45

길 위에서 인사한다. 친구야, 안녕? 오늘은 마음먹고 땅끝마을 부근에 갔다가 다산초당에도 다녀왔어. 이끼 낀 돌층계를 오르내리며 유배지의 고독한 바람 소리를, 정약용 선생의 기침 소리를 들었어. 초당의 마루에 앉아서 나무들을 보니 말로는 표현 못할 감회가 밀려오더라. 18년의 유배생활 동안 그가 남긴 많은 작품들이 우리 모두의 보물이 된 걸 보면 그도 기뻐하겠지? 많은 순례객들이 찾아오는 것을 그도 알고 있겠지? 고통을 바탕으로 더욱 아름다운 업적을 남긴 이들에게 새삼 고마운 마음이 내 안에 큰 바람으로 일어남을 고마워하는 날이었어.

46

넌 지금 행복하니?

-응.

많이 아픈데도 말이야?

-응.

내가 뭐 도와줄 건 없니?

-없어.

언제라도 연락해. 미안해 하지 말고…….

-알았어.

지금은 누구의 눈치도 보지 말고 자신의 건강만 생각해. 그동안 혹사시킨 몸에게 미안해 하며 오직 몸을 많이 위해 주란 말이야. 음식도 가려 먹고 운동도 열심히 하고……. 알았지?

-알았어.

그런데 어째 좀 믿을 수가 없네?

-그렇다면 미안해.

…….

전화를 끊고 나서 나 혼자 빙그레 웃어 본다. 매사에 게으른 나를 너무도 잘 아는 나의 친구야.

'내 몸만 생각하라는 그 말, 그지없이 고맙지만 그게 어디 쉬운 일인가? 나도 남에게는 그렇게 말해왔지만 입장이 달라지니 정말로 쉽지 않더라'고 친구에게 말하고 싶은 것을 겨우 참았네.

47

꿈속에서 밝은 모습의 나를 보았다고, 좋은 일 있느냐고 전화를 걸어온
너. 나도 며칠 전 꿈에 너를 보았다고, 꿈에도 우린 친한 짝꿍이었다고
나는 웃으며 대답했지. 서로를 못 잊어 꿈에서도 늘 어린이가 되는 우리
는 언제 철이 들겠니? 언제 한 번 제대로 어른이 되어 보겠니?
그래도 행복하다고 너는 또 말할 거지? 친구야.

48

기차 안에서 우리는 하얀 종이를 꺼내 동심으로 돌아가 끝말잇기를
했지. 좋아하는 단어를 골라 시 짓는 놀이도 했지.
몸이 아프면 함께 여행을 할 수도 없어 슬프지만 마음은
아프지 않으니 종종 너와 상상 속의 여행을 떠나 본다.
세상이라는 긴 기차 안에서 우리가 함께 살고 있음이 새삼 행복하구나,
친구야.

49

네 엄마는 내 엄마이기도 하잖니, 말하던 친구야.
내가 멀리 있을 때 나를 대신해 병상의 우리 엄마를 방문하고,
어버이날에는 꽃을 달아드렸던 너의 그 마음을 나는 잊을 수가 없단다.
지금은 하늘나라에 가신 네 엄마와 내 엄마를 위해
오늘은 도라지꽃빛의 기도를 드리자, 친구야.

50

지나치게 배려하다 정작 필요할 땐 내 곁에 없어 미안하다고
너는 말했지. 나를 바로 보지도 못하고 눈시울이 붉어진 너에게
나는 '괜찮아!'라고 하고 싶었는데 그러질 못하고
서운한 표정을 지었지. 네 마음 불편하게 해서 정말 미안해.
이번에는 내가 너에게 미안하다고 할 차례다, 친구야.

51

친구야 안녕?
네가 이 세상에 없다는 사실이 정말 믿기지 않아 오늘은 바닷가에 나가
큰 소리로 네 이름을 부르며 흐느껴 울었단다. 갈매기도 나를 따라 우는
것 같았어. 어떻게 나보다 먼저 떠날 수가 있니? 작별인사 한 번 할 틈도
없이 그렇게 빨리 갈 수 있니? 네가 많이 아플 때 나는 무얼 했나 가슴을
친다. 나도 아플 것 같으니까 부담 안 주려고 연락 안 한 거지?
어느 날 우리 하느님이 만들어 주신 꽃밭에서 하얀 나비로 다시 만나자,
친구야.

_내가 있는 병실로 친구가 문병을 오고 싶다고 했을 때 아픈 사람 보면 더 아프니 오지 말라고 내내 말렸던 일도 지금은 후회가 된다. 다시 못 볼 줄 알았으면 그때라도 봤어야 하는 건데……. 2009년은 내가 아픈 중에도 내내 추모시를 많이 쓸 수밖에 없는 이별의 한 해였다. 내게 자주 농담을 건네시던 김수환 추기경님, 하늘나라에서도 한 반 하자던 화가 김점선 그리고 희망적인 글로 많은 사랑을 받았던 영문학자 장영희 그리고 또 수녀의 가족들……. 며칠이 멀다 하고 들려오는 부고에 나는 눈물을 찍어 슬픈 시를 썼다.

52

어제는 비가 오더니 오늘은 무지개가 바다 위의 하늘에서 환히 웃고 있네. 가슴이 뛰어서 밥을 먹을 수가 없었어. 지상에서 너와 내가 함께했던 시간들도 아름다운 무지개와 같았음을 무지개를 바라보며 생각한단다. 내가 힘들 때면 가만히 다가와 저 깊은 가슴 속에 고운 무지개를 걸어 주었던 나의 친구야.

53

오늘은 자꾸만 우울해지려 해서 네가 보내준 음악을 들으니 마음이 밝아졌다. 너와 같이 찍은 사진도 들여다보고 사랑의 편지도 다시 읽으니 마음이 맑아졌다. 내 곁에 없어도 너는 늘 나의 치료제가 되어 주고 해결사가 되어 주는구나, 친구야.

　나는 통증 때문에 울지 않고 아름다운 음악 때문에 더 많이 운 것 같다. 음악의 힘은 실로 대단한 것임을, 삶의 큰 기쁨임을 새롭게 체험했다.

54

오늘은 너의 생일.
꽃집에 들어갔다 무슨 꽃을 살지 몰라 그냥 나오고, 선물의 집에 들어갔다 무엇을 살지 몰라 또 그냥 나오고, 망설이고 또 망설이는 동안 시간은 자꾸 흐르고……. 마음의 서랍을 열고 길고 긴 편지를 쓰다가 놓치고……. 나 어쩌면 좋으니, 친구야.

55
어쩌다 여행을 하면 좋은 자리를 나에게 먼저 양보하던 너.
음식을 먹을 때면 맛있는 것 골라서 나에게 먼저 권하던 너.
근래에 일어난 일 얘기를 하면 맛있게 정겹게 웃으며 들어 주던 너.
네가 내 곁에 없으니 난 엄마 잃은 아이처럼 문득 외롭단다.
바보가 된 것처럼 멍한 표정으로 창밖을 본단다, 친구야.

56
네가 창문을 열고 나를 기다리던 그 골목길이 몇십 년이 흐른 후에도
그대로 있는 게 신기하지 않니? 우리가 함께 공부하고 꿈꾸며
미래를 이야기하던 그 골목길에서 노랑나비를 보았던 오늘,
가만히 네 이름을 부른다, 친구야.

57

친구야, 안녕?

네 얼굴의 귀여운 보조개를 난 늘 부러워했지, 그 상냥한 웃음과 함께.

네가 캐나다로 떠나며 살짝 남겨 두고 간 메모를 읽어 본다.

"내 그리움 한 조각 네 마음에 심어 놓고 헤어져야겠지?

내 마음은 울고 얼굴은 잔주름지으며 웃네.

네 마음은 장미같이 웃고 얼굴엔 이슬이 맺히겠지.

이 여행길은 고향으로 가는 길, 나를 찾는 길이다.

길 속에 드리워진 흰 구름아, 만남의 기쁨보단 헤어짐의 슬픔이

그리움의 찬란한 꽃을 피우게 한다 하네."

58

오늘은 분꽃이 피어난 꽃밭에서 한참을 서 있었어.

돌아가신 엄마가 씨앗을 보내와 내가 심었던 꽃.

누가 이 꽃나무를 없앨까 봐 해마다 마음이 조마조마하단다.

진분홍빛 노란빛 분꽃을 몇 개 따서 수첩에 넣어 두었어.

엄마가 몹시 보고 싶은 날,

엄마는 편지를 받아볼 수 없으니 대신 너에게

사랑하는 마음 담아 꽃편지를 쓰려고…….

　_내가 수첩 속에 말려 놓은 분홍 노랑 분꽃잎들이 참 많은데 아직도 꽃편지는 쓰지를 못하고 있다. 미루고 또 미루다가 어느 날 내가 떨어지는 꽃잎이 되는 것은 아닌지 모르겠네.

59

세상을 떠났지만 내 안에서 고운 향기로 살아 있는 친구야.
너는 떠났지만 네가 내게 준 사랑은 그대로 남아 있다.
빛을 잃지 않고 있다. 네가 준 사랑이 헛되지 않게
네가 사랑했던 세상의 많은 사람들에게 그대로 전하겠다.
내가 살아 있는 한 그 사랑을 결코 잊지 않겠다.
많은 사람들에게 많은 사랑을 받았던 자랑스러운 친구야.
지금도 넌 나를 보고 있지?
빙그레 웃고 있지?

60

눈 감으면 길게 펼쳐지는 추억의 오솔길.
그 길을 따라 끝까지 가면 하얀 안개꽃 한 묶음 들고
네가 나를 기다릴 것만 같아.
오늘도 노을 진 들녘에서 다시 만나자,
친구야.

하느님

제게

많은 친구를 주셔서

감사합니다

제가

누군가의 친구가 될 수 있게 해주셔서

감사합니다

친구가 있으므로

아름다운 세상에서

우리가 주고받는

일상의 평범한 몸짓과

조그만 배려가 담긴

마음의 표현들이

사실은 사랑인 것을

기억하게 해주소서

무엇을 자꾸 요구하기보다는

이해부터 하려는 넓은 마음이

우정을 키워 가는 사랑임을

다시 기억하게 해주소서

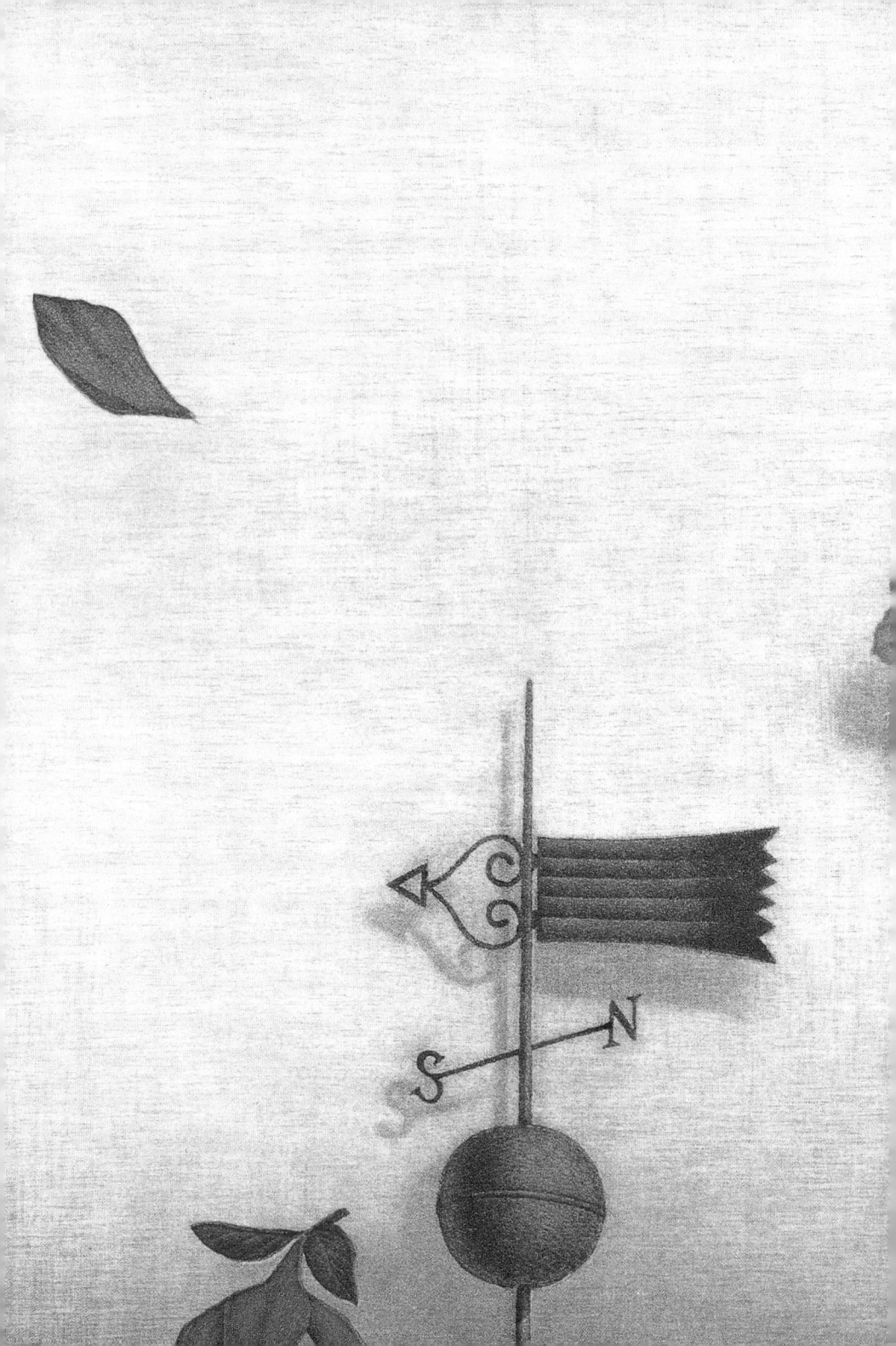

제3장
사계절의 정원
수도원일기

시간 시간을 더 반갑게, 기쁘게, 소중하게 아껴 써야지. 나는 허비할 시간이 없다.
더 많이 감사하면서, 더 많이 기도하면서 나의 시간들을 길들이는 지혜를 주십사고 기도한다.

자비의 성모상에 기대어(2009)

행복의 얼굴

사는 게 힘들다고
말한다고 해서
내가 행복하지 않다는 뜻은
아닙니다

내가 지금 행복하다고
말한다고 해서
나에게 고통이 없다는 뜻은
정말 아닙니다

마음의 문
활짝 열면
행복은
천 개의 얼굴로

아니 무한대로
오는 것을
날마다 새롭게 경험합니다

어디에 숨어 있다
고운 날개 달고
살짝 나타날지 모르는
나의 행복

행복과 숨바꼭질하는
설렘의 기쁨으로 사는 것이
오늘도 행복합니다

60년에 한 번 돌아온다는 백호랑이의 해.
더 성실하고 겸손한 수련생이 되자. 지난 어느 해의 새해 결심을 올해도 적용해야지.
날마다 사랑의 지향을 지니고 기도하기, 당연한 것을 당연하지 않게 새로운 감동으로 감사하기, 자신이 해야 할 일을 미루지 않고 성실히 행하기, 다른 이의 필요에 눈 뜨는 예민함과 함부로 판단하지 않는 겸손함을 배우기, 언제나 고운 말만 골라 애용하는 언어천사 되기, 일의 우선순위를 잘 분별하는 지혜로 시간 관리를 잘하기, 웃음과 유머를 잃지 말고 자신의 부족함을 받아들이며 고칠 것은 고치기! 2010. 1. 1.

오늘 처음으로 몸도 좀 괜찮고 정신이 들어 방을 정리하고 내가 쓰려고 마음먹은 새해 편지도 일단은 시작을 하니 내가 '인간'으로 살아 있는 것 같네. 누워만 있던 시간은 얼마나 힘들고 지루하던지!
약을 먹기 싫어 버티다가 그래도 먹고 나니 한결 나아진 느낌이다. 콧물 나고 기침 나고 가래도 끓는 그런 감기는 정말로 골치가 아프고 사람을 많이 힘들게 하네. 2010. 1. 3.

알람 소리를 듣고도 제때에 일어나지 못한 날.
수단에서 선교하던 이태석 신부님이 오늘 새벽 선종하셨다고 한다. 1962년생의 아직 젊은 의사 신부님……. 음악적 재능도 많아 아프리카 청소년들의 합주단도 만들고 순회공연도 하며 많은 이에게 기쁨이 되었던 신부님. 개인적인 친분이 있는 것은 아니지만 그분이 휴양 중일 적에 초췌해진 모습을 본 후 계속 기도해 왔는데……. 수단어린이장학회 카페에 들어가서 추모의 글이라도 남겨야겠다. 2010. 1. 14.

아이티에서 발생한 지진으로 수많은 희생자가 나오고…….
구조에 최선을 다하지만 재앙의 규모가 워낙 크다고 한다. 2천여 개의 건물이 무너져 내리고 시신들이 산처럼 쌓여 있다고 한다. 이런 비극적 참사에 대해서는 대체 어떤 기도를 바쳐야 하는 것인지? 답답한 마음이다. 2010. 1. 15.

〈위대한 침묵(Into Great Silence)〉이라는 영화를 감명 깊게 보았다.
만년설의 침묵, 시간의 침묵, 나무의 침묵, 햇살의 침묵, 성수를 찍는 수사들의 손의 침묵, 앞이 안 보이는 수사의 눈의 침묵, 기도서의 침묵, 가구들의 침묵, 복도와 성당의 침묵…….
일체의 대화도 없이 들리는 소리라곤 수도원의 종소리, 바람 소리, 흐르는 물소리, 새소리뿐이었지. 영화도 좋았지만 관람하러 온 이들의 태도도 매우 진지하고 차분해서 좋았다.
하느님의 현존을 느끼려면 누구나 더 깊은 고독과 침묵 속으로 들어가야 함을 보여 준 영화, 고요히 기도하고 싶은…….
영적인 갈망을 일깨우는 아름다운 영화를 볼 수 있어 행복했다.
2010. 1. 17.

"책을 제대로 읽으면 중심이 딱 잡힌다. 눈빛이 깊어지고 마음속에 샘물처럼 차오르는 것이 있다. 책 한 권과 만나 인생이 뒤바뀐다. 책 한 권 때문에 삶의 우선순위가 달라진다. 책의 한 대목 앞에서 벼락을 맞은 듯 정신이 번쩍 들고, 감전된 것처럼 전율을 느낀다. 그 책을 읽기 전의 나는 읽은 후의 나와 완전히 다르다. 한 권의 책으로 인해 존재 차원의 업그레이드가 이루어진 것이다." (정민의 〈독서의 보람〉 중에서) 2010. 1. 18.

어제 오후엔 썰물 때의 바닷가에 나갔고, 오늘 오전엔 밀물 때의 바닷가에 나갔다. 피정 기간에 바다를 보는 것은 더 새롭다. 집으로 올 적엔 바닷길로 되돌아오지 않고 일부러 동네 길을 돌아서(인적은 드물지만) 다양한 간판도 읽으면서 '세상을 묵상하는 마음'으로 걸어왔다. 2010. 2. 1.

"내가 약할 때에 오히려 강하기 때문입니다."(2코린 12:10)
요즘은 이 구절이 전보다 더 새롭게 다가온다. 오늘은 주님 봉헌 축일. 설레는 마음으로 미사에 참석하고 오전 강의 전에는 남천동 주교좌 성당에 가서 '십자가의 길' 기도를 바쳤다. 아무도 없는 성당의 고요함이 좋았지. 매화도 곧 피어날 준비를 하고 벌써 하늘빛 도는 조그만 봄까치꽃들은 겸손하게 엎드려 있네.
오전 7시 25분경 바다 위로 떠오르는 태양의 모습! 어찌나 찬란하게 아름다운지 그 나라로 잠시 나들이 다녀오고 싶었다. 오늘 신부님의 강의는 봉헌의 의미 그리고 성무일도의 중요성에 대해서 특별히 언급해 주시니 정신이 번쩍 들었다. 기도에도 이기적인 성향이 드러나기 쉬운 우리에게 개인이 바쳐도 세계를 위한 공동기도가 되는 성무일도가 있음이 얼마나 다행이냐고 하셨다. 우리가 하는 각자의 개인 소임 역시 교회를 위한 소임이 되어야 한다고! 2010. 2. 2.

8박 9일 동안 잘 쉬었음에도 피곤하여 오전엔 조금 쉬었다. 세포 안에 잠이 흐르는 것 같은 느낌! 오후 내내 계속 잠이 오는 느낌……. 덕분에 밤에도 잠을 잘 자는 것은 기쁜 일이지만 계속 나른한 느낌으로는 내가 해야 할 일을 제대로 할 수 없으니 안타깝다. 십자로 동산에 천리향 꽃이 피었나 보러 갔더니 꽃나무를 베어 버려서 서운했다. 뭔가 이유가 있을 테지만 해마다 정답게 만나며 내게 기쁨을 주던 나무였는데……. 꽃이건 나무건 옛것이 자꾸 사라지는 것은 슬픈 일이다. 2010. 2. 6.

오늘은 수련수녀들 일곱 명의 첫 서원식. 젊은 수녀들이 정말 예뻤다. 나는 간밤에 잠을 설치며 생각을 모아 축시를 썼다. 팀 이름이 '봄길'이어서 〈아름다운 봄길 수녀님들에게〉라는 제목으로 축하식에서 낭송해 주었더니 다들 기뻐했다. 하나같이 눈물을 글썽이며 자신의 부족함을 고백하고 감사의 인사를 되뇌는 그들……. 피정 소감을 말하는 새 수녀들의 모습에 우리 모두 감동하며 같이 울먹이는 순간들도 있었다.
새로 시작하는 이들의 '잘 살아 보겠다'는 풋풋한 다짐 속에는 풋풋한 향내가 난다. 2010. 2. 10.

오늘은 어제보다 더 많은 비가 내리네. 조은집 2층 경당에서 성체조배를 하며 듣는 빗소리가 내 마음을 흔들었다.
오늘은 세계 병자의 날. 세상의 수많은 병자를 위하여 하루를 봉헌해야겠다. 내가 아픈 상태에서 시집이 나와서인가 아픈 이들의 편지가 전보다 더 많이 오네. 세상엔 아픈 이들이 왜 그리 많을까. 몸이 아니면 마음이 아프고……. 가족이 있어도 외롭고 의지할 곳 없는 이들이 생각보다 많다. 2010. 2. 11.

"젊음을 구현하려면 세 가지를 줄여야 한다. 의심과 근심과 욕심이다. 의심은 마음의 고름이다. 근심은 마음의 주름이고, 욕심은 마음의 기름이다. 의심을 호기심으로, 근심을 관심으로, 욕심을 동심으로 바꾸자. 마음에 낀 고름과 주름과 기름을 쫙 빼고 힘차게 노래하며 힘차게 약동하자." (주철환의 글 〈다시 읽는 청춘예찬〉 중에서) 2010. 2. 18.

미사 후 식당에 가는 길에는 꼭 떠오르는 태양과 마주치게 된다. 나는 눈부신 태양을, 그 빛을 안고 하루를 시작하고, 기도하고, 사물을 보고, 사람들을 만나니 태양의 나라 시민이다.
요즘은 내가 움직일 적마다 온몸의 뼈가 전보다 약해졌다는 느낌을 받곤 한다. 오후엔 꼬박 두 시간 쉼의 시간을 가졌다.
정외과에서 처방해 준 약을 한 달분 다 먹었으니 이젠 좀 졸음이 덜 오려나 기대해 본다. 2010. 2. 23.

오늘 아침은 단식이지만 이동하는 이들이 많아 아침밥을 먹기로 하고, 종을 치고 이야기도 하였지. 오늘따라 비바람도 심한데 본원을 떠나 새 소임지로 가는 이들의 뒷모습을 보니 서운하기 그지없고 눈물이 나려 했다. 그래서 나는 되도록 송별의 현장에 나가 손 흔드는 것을 안 하고 싶은 심정이다. 2010. 2. 26.

오늘도 흐린 날. 신문 기사마다 온통 우승한 김연아의 얼굴과 이야기로 가득하네. 참으로 감탄을 해도 끝이 없는 그의 노력과 성공에 나도 갈채를 보내지만, 최선을 다했어도 메달을 따지 못한 채 쓸쓸히 귀국한 우리 선수들의 한숨 소리도 들린다. 그들도 위로할 수 있는 우리가 되어야 하는데……. 너무 1등에만 관심이 쏠리는 것은 아닌지 걱정이 되네.
"우리가 타인의 한숨 소리에 귀 기울이게 될 때, 타인의 수고로움에 작은 연대를 할 때, 그럴 때 세상은 정말로 아름다워지고 풍요로워지지 않을까." 공선옥의 산문집 《자운영 꽃밭에서 나는 울었네》의 일절을 묵상해 본다. 2010. 2. 27.

"오늘은 비가 내려요……. 수녀님이 안 계셨으면 무엇을 하고 지냈을까. 평생을 수녀님 시 읽다가 저도 시를 쓰게 된 것이 신기하고 고마워요." 영랑의 편지를 받으니 새삼 정겹고 반갑다. 참으로 오래 된 인연인데……. 오늘은 내가 살아온 길에서 특별한 인연을 맺은 이들의 이름을 계속 적었더니 족히 백여 명은 되는 것 같았다. 2010. 2. 28.

아침에 읽은 신문에는 슬픈 일만 가득하네. 칼로 누군가를 찌르면 자신의 스트레스가 풀릴 것 같아서 범행을 저질렀다는 어느 살인자의 고백, 자기가 키울 자신이 없어 두 번째 아기를 목졸라 살해한 어느 비정한 엄마의 고백, 컴퓨터 게임에 중독된 어느 부부가 밤낮을 피시(PC)방에서 보내느라 3개월 된 딸애를 굶어 죽게 한 이야기……. 2010. 3. 4.

점심 후에 천천히 산책을 하고 있는데 "법정 스님께서 방금 전에 입적하셨어요……." 하는 전화를 받고 화들짝 놀랐다. 가슴이 쿵! 내려앉고 멍해진 느낌……. 스님께서 이 세상을 떠나셨다고 생각하니 마음이 이상하다. 정말로! 유언도 평소의 성격대로 깔끔하게 하신 것 같다. 수의도 관도 짜지 말고, 장례식도 하지 말고 곧 바로 다비식을 하라고……. 2010. 3. 11.

스님의 법구가 길상사에서 송광사로 옮겨지는 그 길에 많은 신도들이 흐느껴 우는 모습을 보니 눈물이 나네. 어제는 잘 참았던 눈물이 오늘은 계속 흐르네. 절판하라는 유언을 남기시어 품귀 현상을 빚은 스님의 책……. 멋진 결단이라지만 나는 왠지 스님이 야속하기만 하다. 2010. 3. 12.

오늘은 두 편의 짧은 동시를 읽는다.
"노오란 꽃등 켜들고/ 길가에 비켜 서 있다/ 누군가 길눈 어두운/ 손님이 오시는가 보다"(김구연, 〈민들레꽃〉 중에서)

"얼마나 크신 분이/ 이 세상을 떠나시길래/ 이렇듯 무리지어/ 흰옷을 입고 있는가"(김미영, 〈목련〉 중에서) 2010. 3. 29.

오늘은 예수부활 대축일. 성탄의 기쁨과는 또 다른 기쁨. 생명의 기쁨. 나야말로 죽음에서 생명으로 일어서야겠다. 절망에서 희망으로, 슬픔에서 기쁨으로 일어서야겠다. "요즘 마음의 별들이 다 떨어져 수녀님 생전에 꼭 한 번 뵙고 싶어" 왔다는 어느 독자분이 대구에서 왔기에 차 한 잔 대접해서 보냈지. 치유에 도움 되는 자연음악을 책과 시디로 잔뜩 보내온 미지의 독자께도 고마운 마음을 전해야겠다. 2010. 4. 4.

박완서 선생님이 이틀 머무시다 떠나시며 남기신 쪽지가 눈물겹다. 애정이 담뿍 묻어 나는 꽃편지 한 장이 어찌나 애틋하고 정겨운지!
"사랑하는 이해인 수녀님,
그리던 고향에 다녀가는 것처럼 마음의 평화를 얻어 가지고 돌아갑니다. 내년 이맘때도 이곳 식구들과 짜장면을 (그때는 따뜻한) 같이 먹을 수 있기를, 눈에 밟히던 꽃과 나무들이 다 그 자리에 있어 다시 눈 맞출 수 있기를 기도하며 살겠습니다.
당신은 고향의 당산나무입니다. 내 생전에 당산나무가 시드는 꼴을 보고 싶지 않습니다. 나는 꼭 당신의 배웅을 받으며 이 세상을 떠나고 싶습니다. 더도 말고 덜도 말고 나보다는 오래 살아 주십시오.
주여, 제 욕심을 불쌍히 여기소서." 2010. 4. 16.

"세상을 등지고 분노와 싸우며 살던 깡패 같은 녀석이 지금은 성당에서 봉사하며 살고 있습니다. 4년 전 어느 책방에서 수녀님 책을 읽다가 성경을 들고 성당에 달려가 무릎 꿇고 눈물 흘리며 기도했지요. 감히 제가 어머니라고 불러 죄송합니다……. 가슴 벅찬 부활절 봄 제가 잊지 않고 기도하고 있음을 기억해 주십시오……."
경기도에서 온 어느 청년의 긴 글이 나에게 감동을 준다. 그는 곧 사랑하는 아가씨와 혼인성사를 앞두고 있다 했다. 2010. 4. 18.

오늘부터 4월 22일까지 수련소 자매들과 젊은 수녀들이 생명의 강과 함께하는 순례를 떠나니 식구들이 얼마 없네.
'강을 만나는 날, 강의 소리를 듣는 날, 강과 함께 흐르는 날, 강이 되는 날' 나흘간의 프로그램도 잘 짜여진 것 같다. 나도 부분적으로나마 참석하면 좋았을 텐데……. 2010. 4. 19.

오늘은 지난 22일 백령도에서 침몰된 천안함의 희생자 46명을 위한 영결식이 있는 날. 텔레비전을 통해 지켜보는데, 눈물 없이는 볼 수가 없는 광경이네. 다시는 볼 수 없는 사랑하는 이들의 이름을 애타게 부르는 유족들의 모습…….
이런 일이 일어날 적마다 나는 정말 어떻게 기도해야 할지 모르겠다. 아직 시신조차 찾지 못한 여섯 명의 희생자들은 어떻게 될 것인가……. 2010. 4. 29.

얼마 전 송정 바닷가를 산책하다 우연히 만났던《부산일보》논설위원 강종규 님의 메일을 다시 읽어 본다.《희망은 깨어 있네》시집을 받고 적은 글이다.

"선물로 주신 시집 잘 읽고 있습니다. 내 삶이 지루하다고 느낄 때 다시 꺼내 보고 싶은 책입니다. 그래서 손 가까이 두었습니다.

저는 신문사에 오래 있었지만 문화부 기자로 일해 본 적도 없고, 대학 때 문학을 전공한 것도 아니어서 시를 읽는 데는 좀 서툽니다. 그런데도 수녀님의 이번 시집은 좀 달랐습니다. 시를 읽으면서 눈물을 흘리기는 처음입니다. 저희 집 글라라는 다음 날 외출을 못할 정도로 눈이 퉁퉁 부었습니다.

제가 가장 오래 머문 시는〈행복한 풍경〉이었습니다. 읽고 또 읽고 가슴에 담았습니다. 노수녀님의 조는 모습이 상상되면서 눈물이 나더군요. 전혀 슬픈 시가 아닌데도 말입니다. 암튼 수녀님의 시가 무뚝뚝한 50대 남자를 울린 셈입니다.

수녀님의 빠른 쾌유를 빕니다. 그날 함께했던 수녀님들도 저의 게으르고 서툰 기도 속에 떠올리겠습니다.

수녀님과의 인연을 오래 간직하고 싶은 강종규 프란치스코 올림"

2010. 4. 30.

광안리 바닷가를 한 시간 거닐며 푸르디 푸른 바닷빛에 취해 보았지. 천안함에 희생된 젊은이들의 울음소리도 들려오는 것 같았지. 2010. 5. 1.

오늘 오후엔 서울 성모병원 소아암병동 어린이학교 개교 1주년 기념식에 다녀왔다. 내가 만든 교가(가사)를 아픈 어린이들이 밝게 부르는 모습이 사랑스럽고도 눈물겨웠지. 2010. 5. 3.

내가 쓴 시 〈행복한 풍경〉의 주인공인 박정숙(데레사) 수녀님의 선종. 지난번 부산 성모병원에 입원 중일 때 나는 831호, 수녀님은 821호에 계시기에 몇 번 들여다보았는데……. 우리 수녀회의 첫 역사이신 수녀님이 또 한 송이의 꽃으로 지고……. 인사를 하려고 이름을 불러도 자꾸만 벽 쪽으로 돌아누우시던 그 모습이 눈에 밟힌다. 그때 이미 육신의 괴로움을 접고 저세상으로 갈 준비를 하고 계셨던 것 같다. 2010. 5. 9.

세상을 떠나신 데레사 수녀님의 성당 자리 빈 의자를 바라보며 나는 〈빈 의자의 주인에게〉라는 시로 이렇게 고백해 본다.
"당신이 세상을 떠난 후／ 당신이 앉았던 빈 의자에서／ 나는 내내／ 당신의 그림자를 찾고 있습니다∥ 세상 욕심 다 비워／ 뼈만 남은 당신을 닮은／ 하얀 시간들이／ 가만히 일어섭니다∥ 웃기도 했다가／ 울기도 했다가／ 어쩔 줄을 모르는／ 시간의 얼굴∥ 다른 사람이 와서／ 당신의 그 의자에／ 다시 앉을 때까지／ 내내 몸살을 앓는／ 우리도 시간도 모두／ 가엾지 않습니까?∥ 지금 대체 당신은／ 어디에 계신 건가요?／ 기도도 안 되는／ 이 깊은 슬픔이／ 당신을 향한／ 우리의 기도인가요?／ 그리움인가요?"
2010. 5. 10.

용재 오닐의 비올라 음악도 듣고, 뻐꾹새 소리도 간간이 들으면서 오늘은 좀 쉬기로 했다.
휴가 겸 병원 출장을 다녀온 나에게 "수녀님의 말소리 웃음소리가 들리니 좋아요." 하는 우리 수녀님들의 인사말을 반가워하고 고마워하면서 잠시 꿈나라로 떠나는 여행이 즐거웠다. 2010. 5. 20.

내가 첫 서원을 한 날인 오늘.
42주년을 조용히 기념하며 감사하는 시간들. 진정 감사하는 것만이 나의 할 일이다. 감사하는 일밖엔 달리 할 일이 없다. 2010. 5. 23.

"인생을 지혜롭게 사는 방법 중 하나는 우리 인생에서 피해 갈 수 없는 고통을 어떻게 받아들이느냐에 있다. …… 고통이라는 부정적 요인을 긍정적으로 전환시키는 지혜가 필요한 것이다. …… 병이 들거나 불행이 닥쳤을 때 그것을 역이용해서 뭔가를 얻을 수 있는 방법을 연구하는 것이다. 나는 인생에서 일어나는 모든 일은 이용할 가치가 있으며 인생에서 헛된 것은 아무것도 없다는 것을 알게 되었다." 작가 엔도 슈사쿠의 글을 되새김해 보는 날. 2010. 5. 24.

며칠 고단했던 심신이 이제는 조금 풀리는 느낌. 미뤄뒀던 빨래도 하고, 성체조배도 하고, 방 정리도 하고……. 조금씩 일상도(日常道)의 기쁨을 찾아가는 중이랄까.

20년 전에 심은 느티나무가 지금은 얼마나 크고 아름다운지! 바람에 흔들리는 잎사귀를 보는 것만으로도 기쁨이 된다. 밖에 나가는 것도 새로운 경험이지만 집안에서만 왔다갔다하며 자연과 사물과 인간을 관찰하는 시간도 새롭고 재미있고 유익하다. 앉아서도 먼 길을 달려가는 민들레의 기도 속에……. 2010. 5. 25.

오전에는 꼬박 침방에서 강의 준비, 오후엔 80분 정도 부산 가톨릭 경제인들을 대상으로 특강을 했다. 전에는 그렇지 않았는데 요즘은 좀 길게 이야기하거나 사람들을 많이 만나고 나면 은근히 피곤함을 느낀다. 그래서 오늘도 일찍 침상에 들기로 하였지.
꿈나라에 가서도 혹시 사람들을 만나면 하느님의 사랑과 평화를 전하는 기쁨의 복녀(福女)가 되어야지. 2010. 5. 29.

오늘은 집에서 비서실과 성물방에서 부탁받은 도서 사인을 많이 했다. 나의 색연필 사인은 이제 모든 이에게 익숙한 나의 심볼 마크가 된 것 같다. 비록 이름 석 자 적고 꽃 한 송이 그리는 것이 전부이지만 화살기도 하듯 사랑과 마음을 넣어서 쓰려고 노력하는 편이다. 무엇이든지 지향을 갖고 하면 기도가 되고 기쁨이 된다. 2010. 6. 1.

브라질로 선교하러 가는 마리 룻, 콜베, 양업 세 수녀들의 파견식. 특별 강론을 해주신 서봉세 신부님의 강론이 감동적이었다. 혼자 가는 것이 아니라 공동체가 함께 가는 것임을 잊지 말라고, 강생의 신비를 묵상하며 성모님처럼 하면 된다고 하셨다. 자신이 무엇인 양 착각하는 유혹에서도 지킴을 받을 수 있도록 깨어 있자고……. 2010. 6. 15.

오늘은 수녀원 전체에 방역을 하고, 세 군데 열린 비파 열매를 공동으로 따는 작업을 하고…….
간밤 꿈에는 버스를 타고 수녀들과 계속 어디를 가는데 유독 나만 검은색의 스웨터를 입고 있었다. '하얀색으로 입어야 하는데…….' 하다가 잠이 깼지. 요즘 자주 죽음을 묵상하기 때문인 것 같기도 하고……. 아무튼 그날그날 죽음을 묵상하는 것은 나의 정리 작업에도 도움이 될 것이다.
나에게 종종 편지를 보내오던 대구에 사는 어느 독자의 갑작스런 죽음을 그분의 아들이 이메일로 알려 와서 답을 해주었다. 2010. 6. 17.

요즘 내가 꾸는 꿈을 종종 메모해 두는데, 지난밤에는 내가 길을 잃고 헤매다 본원을 가는 길에 어느 시장터를 지나다가 복음성가를 듣고……. 많은 사람들의 성화(聖化)에 대한 갈망을 감지하며 행복한 느낌이 가득했다.
이어서 호스피스 봉사자들이 울먹이며 체험담을 나누고 감동하는 자리에 나도 참여하면서 일상의 소중함을 역설하기도 하고…….
깨고 나서도 기분이 가볍고 좋았다. 2010. 6.19.

장마가 오려는지 개미 떼들이 입에다 조그만 알을 물고 세 줄로 행렬을 지어 어디론가 가고 있더라는 암브로시아 수녀의 말. 아주 오랜만에 새들이 나란히 전깃줄에 앉아 있는 모습을 보니 신기하다면서 보러 오라고 초대하는 파트리시아 수녀의 말.

손님이 아무도 오지 않고, 아무런 행사도 없고, 그저 고요하기만 한 평범한 주일의 일상이 좋다. 어느 수녀의 말대로 침방에서 그냥 하루 종일 머물기만 해도 멋진 쉼이 되더라는 말에도 수긍이 가고…….

오늘은 나 역시 그렇게 멋진 주일을 황공한 마음으로 즐기기만 했지. 분에 넘치는 감사의 마음을 기도로 봉헌했다. 2010. 6. 20.

"목욕하니 외로워진다 씻은 날의 그 허전함/ 허물 다 벗고 나면 그날이 또한 이럴 건가/ 조금은 때와 눈물을 밑천 삼아 사는 인생"(정완영, 시조시집 〈구름 산방〉 중에서)

여고 시절에 만났고, 글도 받은 일이 있는 백수 정완영 선생님은 지금 93세이신데도 여전히 아름다운 시조를 쓰고 계시다. 이분의 글을 읽으니 옛 생각이 절로 나네. 2010. 6. 21.

누가 나에게 아낌없는 칭찬을 한다 해서 들뜬 마음을 갖지 않고 담담해지기……. 누가 나에게 근거 없는 험담이나 비난을 한다고 해서 속상해하지 말고 담담해지기…….

모든 것은 다 지나간다. 하느님만이 영원하시다! 2010. 6. 24.

오늘은 비도 촉촉히 내리고……. 내 마음은 더 없이 평화롭고 차분하다. 저녁에는 북한학을 전공한 김훈일 신부님의 특강을 들었지. 북한의 실상에 대하여 좀 더 구체적으로 자세하게 알려 주니 도움이 된다.

우리 교회가 새터민들에게 너무 소극적이라는 지적도 하고, 힘들어도 성직자 수도자들이 더 큰 사랑과 관용과 인내로 끌어안아야 함을 새롭게 강조하셨지. 전에 비해 우리의 믿음이 많이 약해진 것 같다는 견해도 피력하시고…….

곧 장마철이 시작되려는가. 길에도, 방에도, 마음에도, 몸에도 습기가 가득하네. 2010. 6. 25.

"자신의 삶이 어떻게 꽃피었는지, 또 꽃필지를 알기는 쉽지 않다. 식물의 생명이 물을 요구하듯이 우리에게는 눈물이 요구된다. 흘린 눈물의 양이 사람을 승화시킨다."

"어머니는 세상을 떠났지만 그 손은 내게로 뻗어 있다. 그리고 저 높은 어느 곳에 한 송이 꽃을 피워 내게로 전하고 있다."

윤후명의 산문집《나에게 꽃을 다오 시간이 흘린 눈물을 다오》에는 오래 머무르고 싶은 구절이 참 많이 들어 있네. 2010. 6. 26.

치자꽃 향기 속에 맞는 칠월의 첫날.

어제 검사의 후유증 때문인지 오늘도 입맛이 없고 힘이 드네. 이상하게도 오늘부터 계속 왼쪽 머리(넘어진 부분)가 많이 아프네.

크게 걱정할 일은 아닐 테지만 그래도 통증이 느껴지니 신경이 모두 그리로만 쏠리고 매우 불편하다.

나는 잘한다고 한 일도 때로는 상대의 마음을 다칠 수가 있음을 경험했던 날. 그래서 "다 내 마음 같진 않다."는 말이 있나 보다. 2010. 7. 1.

어쩌면 그리도 여러 종류의 새들이 한꺼번에 아름다운 소리를 내는지! 성당에서 미사 후에 새소리를 들으며 수녀원으로 오는 길은 황홀하기만 하다. 한동안 소식 없어 궁금했던 소설가 최인호 베드로님이 전화를 주어 반가웠던 마음. 2010. 7. 8.

밀양 가르멜 수녀원에서 원장 수녀님이 오이와 고추를 택배로 보내준 것을 점심시간에 맛있게 나누어 먹었다. 저녁엔 '시가 가르쳐 주는 아름다운 지혜'라는 제목으로 시인 도종환 님의 특강이 있었는데 '흔들리며 피는 꽃', '라일락꽃', '산맥과 파도', '바람의 노래', '축복', '담쟁이' 등을 영상으로 보여 주며 체험적 삶의 이야기를 풀어 가는 방식이 공감을 주었다. 모처럼의 문학수업을 다들 기뻐하는 눈치였고, 강사 소개를 내가 하면서 시인이 쓴 〈멀리 가는 물〉이라는 시를 낭송했다. 2010. 7. 16.

그야말로 불볕더위의 연속이다. 방에는 더위를 식힐 수 있는 아무런 장치도 없고! 그저 참는 수밖엔 다른 도리가 없네. 그래도 나는 사무실에 나가면 잠시라도 에어컨을 켤 수 있으니 다행이라고 해야겠지.
"성공하려면 반복된 생활을 계속하면 된다. 돈에 대한 욕심, 인기에 대한 욕심, 사람에 대한 욕심 다 버리고 '생활의 달인'처럼 살아가면 그게 성공인 거다. 운동을 규칙적으로 하면 근육이 생기는 것처럼 똑같은 패턴으로 생활하면 어느 순간 '내가 발전했구나'라는 걸 느끼게 된다."
방송인 이경규 님이 어느 잡지에 인터뷰한 내용 중 이 말이 마음에 들어 적어 두었다. 2010. 7. 25.

"요즘은 수녀님이 주신 앙드레 가뇽의 음악을 자주 듣습니다……. 〈아베 마리아〉를 들으면서 기도하고 글을 쓰실 때 수녀님의 마음에 스며드는 이 음률에 대해 생각해 보기도 했습니다.
광안리 본원에서 보낸 시간이 제게는 참 좋은 시간이었고 아름다운 시간이었습니다. 특히 해인 수녀님이 다정하고 편안하게 대해 주셔서 고마웠습니다.
늘 마음속으로만 경외하고 어렵게 느껴졌었는데 가까이서 뵙고 나니 뵈러 오길 잘했다는 생각이 들었습니다……. 하느님께서 수녀님을 잘 지켜 주시리라 믿지만 수녀님께서도 마음 청안하게 지니시고 스트레스 받지 마시고 더 건강해지세요."
도종환 시인의 반가운 메일……. 2010. 7. 26.

"사랑하라. 사랑은 용서보다 거룩한 용서/ 기도보다 절실한 기도/ 아무

것도 가질 수 없고/ 아무것도 남아 있지 않아도/ 사랑이 있다면 사랑하라/ 사랑할 때 사랑하라"
정일근 시인의 시 〈사랑할 때 사랑하라〉를 읽은 오늘, 멀리 미국에서 11개월 된 손녀를 두고 갑자기 세상을 떠난 딸 때문에 크게 상심하는 어느 엄마의 편지를 읽고 나도 깊은 슬픔에 잠긴다. 편지 속에 동봉해 온 모녀의 사진을 한참 들여다본다. 2010. 7. 27.

"그 사막에서/ 그는 너무나 외로워/ 때로는 뒷걸음질로 걸었다/ 자기 앞에 찍힌 발자국을 보려고"(오르탕스 블루, 〈사막〉 전문)
이 시는 파리 지하철 공사에서 공모한 콩쿠르에서 8천 명의 응모자들 중 일등으로 뽑힌 시라고 한다. 김현희 님이 보내준 책《시 치료 이론과 실제》역자 서문에 실려 있는 글이다.
소설도 좋지만 나는 시를 더 많이 읽고, 시를 되풀이해 읽는 것에서 기쁨과 희열을 느끼곤 한다.
오늘도 뜨겁게 계속되는 중복 더위. 이 더위를 나는 책 읽는 것으로 이겨보려고 한다.
과일과 곡식도 잘 익기 위해 필요한 더위라고 생각하면서……
이 더위도 지나간다는 것에 위안을 삼으면서……
〈11번째 시간(The 11th hour)〉이라는 환경 관련 영화를 보여 주는데 내 몸의 상태가 좋질 않아 계속 졸면서 보았지만 많은 것을 생각하게 해주는 좋은 영화였다. 2010. 7. 31.

새벽에 잠이 깨어 문득 시 한편 쓰고 싶어졌다. 20년지기(知己)인 나의 느티나무와 날마다 나를 깨우는 새소리를 넣어서……. 자꾸만 생각하다 보면 좋은 글이 써지리라 믿는다.
2000년 6월에 제작된 5.6킬로그램의 한일 짤순이를 애용해서 땀에 젖은 속옷을 자주 빨아 탈수해서 말려 입음을 새삼 고맙게 여긴 날이다.
2010. 8. 1.

방에서 내다보는 소나무, 하늘, 흰 구름이 아름답네. 땀을 계속적으로 많이 흘리니 힘들지만 한편으로는 시원한 느낌도 드네. 북반구에서는 홍수, 남반구에서는 한파가 몰아치는 등 지구촌은 곳곳에서 이상 기온으로 난리라고 한다.
옆방 수녀님이 물건 정리를 하다가 이것저것 문구류를 들고 와서 사용하라며 놓고 간다. 같이 살던 이들이 다른 곳으로 떠나고 또 새로운 분들이 올 거지만 아프고 나니 헤어지는 일이 더욱 슬프고 서운하다.
강원도 옥계농장의 박데레사 님이 싱싱한 토마토를 세 상자나 보내주어 고마웠다. 2010. 8. 5.

어쩌다 창문으로 스며드는 약간의 바람에도 매우 고마워하면서 더운 중에도 한낮의 달콤한 휴식을 취했다. 한낮의 휴식은 밤에 자는 잠과는 또 다른 여백의 느낌이 있다.
캐나다에서 초등학교 단짝 친구 현숙이가 전화를 걸어왔다. "얘, 너는 지금 나이가 몇인데 초등학교 시절의 순수함이 하나도 변하지 않았니? 여기 우리 집에 와서 한 달만 쉬었다 가지 않을래? 넌 친구가 많지만 난 아니거든." 하면서 지금 위중하신 친정어머니 간병으로 지친 마음이 우울함으로 이어지려 한다며 특별 기도를 부탁한다고 했다. 2010. 8. 6.

이옥순(1921년 12월 20일 생) 라우데스 수녀님의 선종……. 빈소에서 계속 바쳐지는 연도. 가까이 가서 뵈니 매우 야위고 고통의 흔적이 얼굴에 하도 역력하여 마음이 아팠다. 빈소 앞에 진열된 친필노트와 약간의 유품들이 눈물겹네. 내가 수련수녀 시절 수녀님의 미술사 수업에서, 과제 발표를 잘해 칭찬받았던 기억도 새롭고 라디오에서 해인 수녀의 시가 흘러나오면 늘 반갑고 자랑스러워서 어깨가 으쓱하셨다던 수녀님의 모습을 이제는 다시 볼 수가 없네. 2010. 8. 12.

날씨 탓인가 요즘은 늘 등허리가 가려워서 고민이라고 했더니 멜라니아 수녀가 옥수수 빈집을 말려서 막대기를 끼워 두 개나 갖다 주며 예전에 시골집에서 배운 거라고 했다. 어찌나 재미있고 고맙던지! 그것으로 긁어보니 '효자손' 막대기를 사용하는 것보다 훨씬 더 시원한 느낌.
2010. 8. 13.

비가 올까 봐 조마조마했는데 하늘이 참아 주어서 라우데스 수녀님의 장례미사 고별식 하관예절을 무사히 마칠 수 있었다. 하관예절 하는 동안 하얀 나비 한 마리가 묘소를 맴도는 것이 마치 수녀님을 천상으로 모셔가는 예쁜 전령사처럼 느껴졌지. 2010. 8. 14.

불볕더위는 가신 것 같지만 그래도 아직은 덥다. 오랜만에 가르멜 수녀원의 언니 수녀님을 뵈러 밀양에 갔는데 언니는 여전했으나 왠지 힘이 없어 보이셨지. 그곳에서 농사지은 옥수수를 쪄서 주시는데 어찌나 달콤하고 맛있는지 감탄하면서 먹었다.

내가 1990년대 말에 쓴 〈나를 위로하는 날〉이라는 시를 2000년대 들어 자기가 쓴 시라고, 자기가 원작자인데 그 시가 해인 수녀의 이름으로 인터넷에 떠다니고 있다며 계속 시비를 걸어오는 분 때문에 머리가 아프네. 몇 년 전에도 비슷한 일이 있어 나의 독자들이 해결해 준 적이 있는데……. 구체적인 시작 메모까지 제시해가며 야단이니 누가 보면 그쪽이 원본이고 내가 복사본이라고 착각할 수도 있을 것 같다. 2010. 8. 16.

해마다 더 수가 많아지는 백합이 가득한 정원을 산책하는 것은 얼마나 행복한 일인지!

《헨리 나웬과 함께 아침을》이란 책을 아침마다 한 쪽씩 읽으니 참 좋다. 《제네시 일기》를 비롯해 수많은 영성 저서로 영향을 준 헨리 나웬이 1996년 갑작스레 세상을 떠나지만 않았다면 그는 지금도 그의 삶만큼이나 멋진 글을 많이 쓰고 있었을 텐데…….

저녁 식사 후 수녀님들에게 부탁받은 부채 글씨를 쓰고 나서 바로 잠자리에 들었다. 잘 못 쓰는 글씨지만 나비 모양의 부채에 육필로 적는 싯귀가 정겹고 좋은지 너도나도 달라고 조르니 기쁘다. 2010. 8. 17.

"살 날 얼마나 많은데 10대들 잇따라 투신", "풍파 다 이겨왔는데 안타까운 황혼 자살" 오늘의 석간《부산일보》의 기사에 한참 눈길이 머물렀다. 청소년과 노인들의 자살이 해마다 늘고 있다니 정말 큰일이네.
오늘은 서울 연세대 학술동아리 JSC 회원 열두 명이 수녀원을 다녀가며 나와 함께 몇 시간을 보냈다. 버스를 타고 와서 강의를 듣고 토론도 하는 프로그램이라고 하는데……. 젊은이들을 보니 사랑스러웠지. 내 마음도 더불어 젊어진 느낌……. 2010. 8. 21.

간밤엔 불을 끄고 잠을 청했는데 조금 열어 둔 창문으로 은은히 그러나 아주 밝게 쏟아져 들어오는 달빛. 달빛이 황홀하여 쉽게 잠들지 못했다. 달빛에 대한 시를 또 써야겠다. 내가 여중 시절 제일 먼저 쓴 시의 제목도 〈달밤의 소녀〉였지. 해, 달, 별이 있는 세상에서 고운 마음으로 살다가 영원한 고향으로 가야지, 나는.
내가 많이 위중하다는 소문을 들었다며 확인 전화 몇 통을 받았던 날. 며칠 전, 종신서원식 미사 후 속이 안 좋아 연회장에 얼굴을 안 비쳤더니 누가 짐작으로 그런 소문을 낸 것인가? 아무튼 나는 이래저래 때로는 근거 없는 소문의 대상도 되는구나. 글쎄……, 그 언젠가는 내게도 위독한 순간이 오긴 올 테지만……. 2010. 8. 23.

오늘은 아산 중앙병원에서 힘겨운 치료를 받고 있는 혜경 자매 문병을 갔다. 그의 두 동생이 나에게 언니를 걱정하는 간절한 내용의 글을 보내와 방문을 안 할 수가 없었지. 환자는 뼈만 남은 앙상한 모습이지만 두 눈을 크게 뜨고 나를 반가워했다. 기운 없어 말은 거의 못하고……. 간단히 기도하고 지켜보다 오는데 마음만 아팠다.

"피어난 꽃은 져야 하고 태어난 생명은 죽음을 예비한다/ 오늘도 한 송이 황홀한 꽃봉오리 속에 숨은/ 소멸의 섭리를 잠잠히 지켜본다/ 우리는 모두/ 지켜보는 일밖에 할 일이 없다/ 경건히 손 모아 그 옆에 서서/ 망연이 고개 숙이고 서서……"

홍윤숙 시인의 《쓸쓸함을 위하여》라는 시집에 들어 있는 〈섭리〉라는 시가 자주 생각나는 날이었다. 2010. 9. 3.

그동안 천상병 시인의 부인 목순옥 여사(8. 26.)도, 이윤기 작가(8. 27.)도 별세한 사실을 나는 신문을 안 보아 모르고 있었다. 도토리묵을 쑤어서 수녀들 먹으라고 들고 온 한센인 자매님의 뭉툭한 손을 보니 마음이 짠했다. 2010. 9. 4.

동생네 집에 오니 엄마 생각 더욱 간절해지네. 연분홍 저고리를 입으신 엄마가 사진 속에서 '작은수녀 왔네?' 하시는 것만 같다. 다시 한 번만이라도 더 듣고 싶은 목소리, 다시 보고 싶은 은은한 미소…….
"예수님과 성모님과 성 요셉이여, 제 마음과 영혼을 봉헌합니다. 저의 마지막 죽음의 고통을 도와주소서. 제 영혼을 당신들과 함께 평화 속에 쉬게 하소서."
어머니의 빛바랜 노트에 적힌 소박한 기도문을 다시 읽어 본다. 2010. 9. 7.

우이성당에서 어머니 3주기 미사. 미사 후 산소에도 갔는데 언젠가는 가서 좀 더 여유 있게 머물다가 오고 싶은 마음…….
어제 병원에서 케모포트 제거 수술을 받았는데 생각보다는 통증이 있어서 힘들지만 어머니를 위하여 기쁘게 봉헌했다. 2010. 9. 8.

약 보름간의 출장에서 돌아왔다. 경기도에는 하도 비가 많이 와서 움직이기 힘들었으나 부산에 오니 비는 내리지 않았다. 타고 오는 기차 안에서 오늘은 졸지 않고 이런저런 생각들을 많이 했지. 모든 생각들을 잘 익히고 키우면 시가 될 수 있을 것 같기도 하다. 마당엔 분꽃들이 환히 웃고 있고, 내 자그만 방에 들어오니 새삼 반갑고 정겹고 기쁘네. 패랭이 꽃과 강아지풀로 장식한 환영의 꽃들, 새로운 임지로 떠나는 수녀가 두고 간 고별의 쪽지, 공동세탁실에서 갖다 둔 88번이 새겨진 빨래들, 우편물들, 살짝 열어 둔 창문 모두가 다 나에게 말을 걸어오는 것만 같다.

시간 시간을 더 반갑게, 기쁘게, 소중하게 아껴 써야지. 나는 허비할 시간이 없다. 더 많이 감사하면서, 더 많이 기도하면서 나의 시간들을 길들이는 지혜를 주십사고 기도한다. 2010. 9. 11.

수녀회 창립 79주년을 지내는 성 십자가 현양 대축일. 회원들에게 오늘은 좀 더 맛있는 식탁이 차려지고, 서로가 서로를 격려하면서 더 기쁘고 충실하게 살 것을 다짐하는 날이기도 하다. 광주 빛고을의 벗들이 때맞추어 기정떡을 보내왔고, 어떤 분은 난초 화분을 보내왔지. 함께 사는 이들이 오늘은 더 소중하고 예뻐 보인다. 2010. 9. 14.

"놀고 있는 햇볕이 아깝다는 말씀을 아시는가. 이것은 나락도 다 거두어 갈무리하고 고추도 말려서 장에 내고 참깨도 털고 겨우 한가해지기 시작하던 가을 어느 날 농사꾼 아우가 무심코 한 말이다. 어디 버릴 것 있겠는가. 열매 살려 내는 햇볕. 그걸 버린다는 말이 당키나 한가. 햇볕이 아깝다는 말씀은 끊임없이 무언가 자꾸 살려 내고 싶다는 말이다. 모든 게 다 쓸모가 있다. 버릴 것이 없다. 그러나 나는 버린다는 말씀을 비워 낸다는 뜻으로 겁도 없이 지껄이면서 여기까지 왔다.
아니다. 욕심도 쓸모가 있다. 햇볕이 아깝다는 말씀으로 보면 쓸모가 있다. 세상엔 지금 햇볕이 지천으로 놀고 있다. 햇볕이 아깝다는 뜻을 아는 사람은 지금 아무도 없다.
사람아 사람아 젖어 있는 사람들아 그대들을 햇볕에 말려라. 햇볕에 내어 말려 쓰거라. 끊임없이 살려 내거라. 놀고 있는 햇볕이 스스로 제가 아깝다 아깝다 한다."(정진규, 〈놀고 있는 햇볕이 아깝다〉 전문)
오늘도 이 시를 읽으며 햇볕에 대한 묵상을 한다. 평소에 생각 없이 흘린 나의 언어들도 다시 돌아보게 된다. 모든 것을 다 시의 주제로 삼을 수 있는 시인들은 정말 대단하다. 이 시를 쓴 정진규 시인께서 언젠가 나에게 친필로 적어 주신 시들이 새삼 귀하게 여겨지는 날이다. 2010. 9. 15.

지난 5월 세상을 떠나 나를 슬프게 했던 변정숙 님의 조카가 문집 한 권을 보내왔다. 그의 장례식에도 못간 미안함으로 나는 1980년대와 1990년대에 고인이 나에게 보낸 사진과 편지들을 찾아서 선물로 보냈는데, 편지들은 국문과 출신답게 참으로 아름답고 따뜻한 것들이었지.
그 편지들을 모아 가족들이 돌려볼 수 있도록 문집 형태로 열 권을 만들어서는 나에게도 한 권 보낸 것이었다. 편지를 보낼 때 곁들여 보낸 나의 추모글도 다시 읽어 본다.
"친애하는 코르넬리아, 안녕?
이승의 삶을 접고 5월의 꽃향기 속에 먼 나라로 떠난 지도 열이틀이 지났네요. 어제 이곳 부산 광안리 수녀원에서 그대의 사랑받는 조카 서영의 긴 글을 받고 한동안 나도 그리움에 잠겼지요.
창고에 가서 편지를 찾아 읽으며 눈물이 비 오듯 흐르네요. 다른 도시에 산다는 이유로, 내가 암으로 투병 중이라는 이유로, 좀 더 자주 안부를 챙기지 못한 것도 마음에 걸립니다. 정말 미안해요.

2008년 봄에 용욱 아빠의 부축을 받으며 왔죠. 교보문고에서 있던 나의 시집《작은 기쁨》사인회에서 본 것이 우리의 마지막 만남이 되었어요. 1977년에 만난 이후로 30년 이상의 우정을 나누었던 우리…….
지난 편지들을 다시 읽어 보니 그대는 참으로 이 부족한 수녀를 많이 좋아하고, 아끼고, 사랑했군요. 어쩌면 그리도 충실하고 알뜰하게 나를 챙겨 주고 기도해 주었는지 새로운 감동의 물결이 일렁입니다. 그간 내가 받은 편지들을 그대의 사랑하는 가족들에게 돌려드리려 합니다. (좋은 생각이지요?) 2000년대의 것들도 혹시 추가로 발견되면 돌려드릴 것입니다.
문득 그 목소리 듣고 싶고, 그 모습 보고 싶네요. 나하고 나이가 7년 차이였으나 그대는 나를 17년 정도의 차이인 듯 '큰 어른'으로, 정신적인 지주로 생각했음이 영광이면서도 왠지 부끄럽네요. 우리 이다음 하늘나라에서 만나 평소처럼 즐겁고 정겹게 담소를 나눕시다. 꽃밭도 거닐고 새소리도 들으면서……. 그리고 꿈에라도 종종 나를 보러오세요. 알았지? 오늘도 기도 안에서 해인 수녀가." 2010. 9. 16.

요즘은 내가 흰 종이에 색연필과 스티커로 고운 카드를 만드는 재미에 빠져 있다. 시간도 별로 안 들고 재미가 있어 시간 가는 줄 모른다.
시 한 구절을 곁들여 축하카드로 사용해야지. 오늘 가족회의에선 '본원의 재발견'이라는 제목으로, 특히 본원 생활에서 각자가 느끼는 행복에 대하여 좋은 의견을 많이 나누고 마음도 풍요로워졌다. 2010. 9. 20.

어제는 달이 밝더니 오늘은 아침부터 비가 내리네. 전국적으로 비가 많이 오고 강풍으로 피해도 많다고 하는데 뉴스를 보면서도 이곳은 괜찮으니 실감이 나질 않는다. 이것이 인간이 지닌 한계일 테지…….
평화방송에서 지난번에 녹화해 간 (우리 집의 몇 장면도 나오는) 수도원의 음식 프로그램을 수녀님들과 같이 감상했다. 실제의 모습보다 더 아름답게 나와 새삼 영상의 위력을 느낄 수 있었다. 2010. 9. 22.

오늘 따라 바다의 빛깔이 참으로 환상적이었다. 넓고 푸른 바다를 언제나 가슴에 품고 살아야지.
부산에 살아도 아직 가 본 일 없었던 아쿠아리움에 미국에서 온 손님 수녀님을 모시고 가 보았지. 참으로 많은 종류의 물고기들을 보는 즐거움. 토요일이라 많은 사람들이 붐비고 있었다.
잘 때도 눈을 감지 않는다 하여 깨어 사는 수행자의 상징으로도 자주 사용되는 물고기들……. 2010. 9. 25.

아침엔 해운대에 사는 K라는 분이 미국에 사는 애인에게 보낼 거라며 책에 사인을 해달라고 들고 왔기에 해주었더니 즉시 국제전화를 걸어 애인에게 내 목소리까지 들려주는 적극성을 보였다.
야간경비를 하기에 아침에 퇴근하는 길이라고, 내년 봄에 그녀가 오면 꼭 같이 인사를 오고 싶다고 했다. 하루에 세 시간씩 애인과 통화를 한다는 그에게선 사랑하는 사람의 열정이 느껴져서 좋았다. 2010. 9. 29.

"주님이 저를 사랑하신 것처럼 제가 주님을 사랑하려면 당신의 사랑을 빌릴 수밖에 없습니다."라고 고백한 성녀 소화(小花) 데레사의 축일인 오늘. 작은 꽃, 작은 길의 영성을 큰마음으로 살고자 나도 다시 분발해야 한다. 나이 들면서 영적 열망이 약해지는 것을 경계해야 한다. 2010. 10. 1.

오늘은 오랜만에 음악을 들으니 좋다. 성체조배 시간엔 내내 졸다 보니 마치는 시간이 15분이나 경과해 있었지. 바닷가 나가는 길에 조은이네 집에 들러 소년의 집 알로이시오 오케스트라 표 두 장을 전달하고 내일 KBS 앞에서 만나자고 했다. 오늘부터 22일까지 수련소 자매들은 성지순례를 떠났고, 우리는 아침에 배웅하러 나갔다. 2010. 10. 19.

오전 6시 56분, 이강례 사베리아 수녀님 선종! 미사 후에 즉시 조종을 쳐서 알게 되었다. 조종을 들을 적마다 가슴에선 쿵! 하고 무거운 슬픔이 내려앉는 소리……. 올해는 데레사 수녀님, 라우데스 수녀님에 이어 사베리아 수녀님까지 세 분이 함께 떠나시네……. 우리 수녀님은 누구보다 평상심의 영성을 잘 사신 분이고, 평수녀의 영성으로 숨은 일을 잘 승화시킨 분이라고 생각한다. 2010. 10. 21.

오전 10시 30분, 사베리아 수녀님의 장례미사. 묘지에선 새들이 어찌나 아름답게 지저귀던지! 마치 우리 수녀님을 위한 천상의 노랫소리 같았다. 한 번씩 장례미사를 치를 적마다 수도공동체는 더욱 하나로 결속되고, 우리도 언젠가는 본향으로 돌아가는 존재임을 더욱 확실히 알아듣게 된다. 유족들에게는 내가 수녀님과 관련된 몇 가지 미담과 일화를 실감 나게 들려드리니 다들 고맙다고 내게 특별 인사를 전했다. 2010. 10. 23.

객실, 주방, 농장, 도서실, 자료실, 병실, 빨래방, 바느질방, 제의 제작실, 전례 음악실, 문서 선교실, 성 분도 어버이집, 성 분도 치과, 분도 유치원, 부산대학 원목실, 농아인 복지,……. 본원에 속한 소임장의 발표가 있었다. '내가 받은 은총은? 역사적 배경과 현황, 앞으로의 구상이나 바램, 기타' 순으로 다들 진지하고 성실하게 준비해 이야기한 내용을 우리만 듣기엔 아까운 느낌이 들었지. 나 역시 문서 선교실에 대하여 즐겁고 솔직하고 재미있게 표현하여 박수를 받았다. 2010. 10. 26.

인도네시아에 큰 지진과 쓰나미로 많은 이들이 목숨을 잃었다는 기사를 보니 슬프다. 이웃의 비극이나 불행을 보고도 우리는 각자의 삶에 바빠 슬퍼할 틈이 없는 것 또한 슬프다. 10월 26일자 《부산일보》 김경복 교수의 글 〈슬픔이 사라져가고 있다〉라는 글은 공감을 준다.
"슬픔의 사회화가 없다는 점은 존재의 진정성이나 사회적 소통이 없다는 것을 가리킨다. 우리는 그저 메마른 물건으로 살아갈 뿐인 것이다. 이 점과 관련하여 슬픔을 활성화시키고 이를 잘 표현할 수 있는 방법이 필요하다. 삶과 죽음의 문제를 슬픔이라는 프리즘으로 살펴볼 때 우리들 생의 의미는 보다 분명해지고 심화될 것이다." 2010. 10. 27.

오늘은 이상하게 보행도 힘들 정도로 다리가 많이 아파 정형외과에 예약을 해두었다. 아픈 것도 아픈 것이지만 일상생활이 제대로 안 되는 것이 더 걱정이다.
저녁식사 후엔 한 시간 정도 거룩한 말씀 읽기(Lectio Divina)를 통해 저마다 다음 주 성서 구절을 묵상, 관찰, 되새김하고 생활과 연결시켜 나누니 감동스러웠다. 2010. 10. 29.

나를 찾아오는 이들에게 적당히가 아니고 있는 정성을 다해서 배려하고 사랑을 나누려면 내가 먼저 예수성심의 샘으로 들어가지 않으면 안 된다. 인간적인 힘만으로는 한계가 있다. 2010. 10. 31.

새벽 6시, 열 명 수녀들의 은경축 미사.
1981년에 입회한 그들을 내가 6개월간 담당한 인연이 있기도 해서 축시를 지어 낭송하며 "지원자의 서원 25주년을 보게 되다니 감회가 새롭고 참으로 제가 오래 살았다는 느낌도 새롭네요!"라고 하니 다들 많이 웃었다. 스위스에 있는 룻 수녀님의 부친 장례미사에 서둘러 가느라고 같이 사진도 못 찍고 구체적인 축하인사도 나누질 못해 아쉬운 마음이네. 2010. 11. 1.

위령의 날인 오늘부터 검은 옷을 입는다. 미사 후 묘지에 가니 수련소 자매들이 비석마다 색색의 국화로 장식을 해두었다. 먼저 저세상으로 떠나신 우리 수녀님들이 국화 향기 속에서 방긋 웃는 것 같았다. 오늘부터 환경미화 대축제. 나는 청소를 거들지 못했으나 나중에 나가 정리하는 것을 돕고 덕분에 맛있는 오뎅꼬치 간식도 먹었다. 2010. 11. 2.

언제 불볕더위가 있었던가 할 만큼 서늘한 날씨. 성당 앞 느티나무 잎사귀가 노랗게 물들었고, 벚나무는 빨간 잎사귀를 달고 있고……. 가을의 모습이 아름답다. 세상에 살아 있는 동안 이 가을을 앞으로 몇 번이나 더 맞이할 수 있을지 모르지만 맞이할 적마다 새로운 느낌이 드네.
간밤 꿈에는 다들 어디론가 버스로 떠나는데 나만 홀로 남겨진 고독함을 맛보기도 했지. 그러나 마음속엔 잔잔한 평화가 흐르고……. 비록 몸은 아프지만 나의 행복지수는 조금씩 상승하는 것 같다. 2010. 11.3.

오늘은 서울에 온 김에 배가타리나 손엘디 부부와 같이 영등포 교도소를 방문했다. 담 안의 한 형제를 만나는 일이 슬프고 아팠지만 안 갈 수가 없었다. 교도관이 계속 지키고 있으니 말도 조심해서 해야 하고 제약도 많지만 그래도 내가 기도한다는 것을 구체적으로 알리고 싶었다.
2010. 11. 9.

명동 가톨릭회관 안에 있는 분도 책방에 갔다. 제법 많은 사람들이 성물을 사고 책을 고르는 모습들이 다 예뻐 보였다. 책에서 나오는 향기는 늘 발걸음을 멈추게 하고, 가슴을 뛰게 하고, 나를 살고 싶게 한다. 성모

동굴 앞에 무릎을 꿇고 잠시 그러나 간절히 기도했다. 딱 한 가지로 집어서 말할 수 없는 모든 것을 위하여……. 2010. 11. 13.

타지에 갔다가 집으로 오면 늘 편안한 느낌! 스르르 잠이 온다. 집은 그래서 좋은 것일 테지. 옆방 쟌 다크 수녀가 침대 위 벽에 환영의 뜻으로 붙여 놓은 아홉 장의 고운 단풍잎들도 새삼 반갑고 정겹다. 2010. 11. 14.

지난번 성지순례에 같이 가지 못한 여덟 명의 수녀들이 고성군 상족암이라는 곳으로 가을소풍을 나섰다. 차 안에서 고운 음악도 듣고, 단풍이 한창인 가을산도 바라보고…….
멋진 지층암으로 구성된 비경을 지난번엔 층계로 올라가 보았는데, 이번엔 마침 바닷물이 빠져 있을 때라서 바닷길을 돌아가 보니 더욱 멋있고 좋았다. 컴컴한 동굴에서 사진도 몇 장 찍었지. 수녀들의 유쾌한 웃음소리가 선녀탕 안에도 배어 있으리라. 바위를 뚫고 높이 자란 나무들도 우리의 감탄을 자아냈다. 2010. 11. 16.

울산 장애인 종합복지관 10주년 기념식에 수녀님들과 같이 가서 〈함께하는 행복〉이라는 축시를 낭송했다.
집으로 돌아오는 길. 잠시 간절곶에 들렸는데 수평선이 매우 아름다웠다. 수년 전 비바람 치던 어느 날 간절곶에 나가 수녀님들과 같이 체험했던 추억의 시간들도 떠오르고……. 2010. 11. 17.

오늘은 예정대로 폐렴 예방주사를 맞으러 갔는데, 약간의 미열이 있고 감기 기운도 있는 것 같다고 하니 다음에 맞는 것이 더 낫겠다고 하여 그냥 돌아왔다. 그 대신 입원 중인 수녀님들을 만나 이야기 나누고 기도 해주는 시간을 가질 수 있어 행복하였지. 2010. 11. 23.

북한으로부터 연평도가 공격당해 군인과 민간인이 희생되고 마을은 쑥대밭이 되었다. 서로 사랑해야 할 동족끼리 화해는커녕 나날이 미움의 골이 깊어지는 비극을 어찌해야 할까. 정말 슬프다. 2010. 11. 24.

이승은, 허헌선 부부가 민들레꽃 모양의 등을 만들어 보냈는데 불을 켜 보니 어찌나 아름다운지! 다음에 만나면 '엄마 어렸을 적엔' 인형 이야기도 하고 신앙 이야기도 하며 우정을 나누어야겠다. 2010. 11. 26.

요즘은 내가 정신을 어디에 두고 사는지? 건망증이 부쩍 심해진 것 같네. 주민등록증이며 손목시계며 물건들을 어디에 두었는지 도무지 모르겠으니 어쩌나. '여기 두면 나중에 찾기가 좀 힘들지도 몰라.'라는 생각을 한 것까지도 기억을 하면서 막상 그 장소는 모르겠으니 안타까울 뿐이다. 2010. 11. 28.

일종의 무력증에 빠지려는 자신을 의식적으로 일으켜 세우며 성탄 편지도 쓰고, 객실의 손님들에게 인사도 하고……. 골목길이나 우체국에서 동네 사람들이 주고받는 이야기에 귀 기울여 보기도 하고……. 아무튼 자기 안에서 밖으로 빠져나오려는 노력을 스스로 하지 않으면 안 될 것 같다. 암환자들은 우울증이나 자폐적인 성향으로 기울기가 쉬운 듯해서 그런 상황이 오기 전에 미리 방지하는 노력이 필요하다. 2010. 12. 1.

엊그제 준비 작업을 거쳐 오늘은 1,100포기나 되는 배추를 수녀원 수련원 식구들이 버무리는 작업. 하나의 커다란 김치공장에서 나는 두 시간 정도만 작업을 하고 돌아왔지. 사이사이 즐겁게 담소하는 수녀들의 얼굴에도 싱싱한 배추를 닮은 웃음이 가득하네. 2010. 12. 2.

오늘은 '암을 올바로 알자'는 주제로 열린 서울 성모병원 전후근 박사의 특강을 들었다. 열심히 다 듣고 나서 음식을 골고루 잘 먹을 것, 긍정적인 생각을 지닐 것, 꾸준히 운동할 것, 검증되지 않은 치료법에 현혹되지 말 것 등을 나 스스로에게 주문해 본다. 2010. 12. 3.

빨래방 소임을 하는 두 수녀님과 같이 〈빨래〉라는 뮤지컬을 관람했다. "빨래가 바람에 제 몸을 맡기는 것처럼/ 인생도 바람에 맡기는 거야/ 시간이 흘러흘러 빨래가 마르는 것처럼/ 슬픈 눈물도 마를 거야. 자, 힘을 내." 노랫말들이 다 아름다웠다. 2010. 12. 5.

서울, 경기도 쪽엔 눈이 많이 왔다던데……. 간암으로 투병 중인 김혜옥 베앗다 수녀가 너무 힘들어 병원에 입원했다. 이젠 더 이상 버틸 힘이 없나 보다. 2010. 12. 8.

11일에 쌍둥이 언니와 형제들이 면회를 오기로 했다던데 만날 틈도 주지 않고 먼 길을 떠난 혜옥 수녀님.
'고통의 학교'에 입학한 신입생이니 날더러 잘 봐달라며 농담도 하시더니, 내가 신던 털신을 좋아해 신으라고 양보했는데 발이 많이 부어 신지도 못했지요? 죽음이 이렇듯 삶 속에 가까이 있음을 수녀님을 통해서 다시 알게 되는군요. 2010. 12. 9.

내가 종종 들르던 우리 동네 '여심'이란 옷 수선집 문이 닫혀 있어 전화를 해보니 가게를 그만두고 멀리 이사를 갔다고 하는데 어찌나 서운하던지! 오며가며 인사하다 정이 많이 들었나 보다. 2010. 12. 13.

오늘은 공동생활가정 〈성 분도 좋은 친구〉 집을 방문했다. 우리 수녀님 두 분과 같이 살고 있는 여중, 여고생들에게 줄 선물을 들고 갔지. 오후엔 부산 성모병원에 입원 중인 수녀님들 문병을 가고……. 이 계절에 어울리는 방문을 하고 나니 내 마음에도 고운 꽃물이 드는 느낌. 2010. 12. 14.

여기저기서 성탄 인사들을 많이 보내오니 나는 또 사랑의 빚을 지기 시작하네. 물론 다 회신을 바라고 보내는 것은 아닐 테지만 그래도 해를 넘겨서라도 천천히 답을 할 수 있는 것은 해보도록 해야지. 2010. 12. 15.

오늘은 부산을 방문한 어릴 적 친구 태희, 옥희와 밀양 가르멜 수녀원에 가서 언니를 만났고, 점심대접도 받았지. 김치가 슴슴하고 맛있다고 하니 조금 싸 주시는 원장 수녀님……
저녁에는 봉사자들의 부탁으로 남천성당의 목요반 예비자 교리반에서 90분 정도 특강을 했다. 2010. 12. 16.

필리핀에 사는 친구 비다 플로가 수녀원 주소로 나를 애타게 찾는 메일을 보내왔으니 속히 답을 해주어야겠네.
종종 내가 위독하다든가 죽었다든가 하는 소문을 듣고 울면서 확인을 하는 경우도 있으니 나는 아마도 예정보다 오래 살 것 같다고 옆의 수녀들이 한마디씩 거들곤 한다. 2010. 12. 18.

담화방별로 대림 기도의 밤……. 복도에서 촛불 들고 행렬, 초 봉헌, 복음 봉독, 시 낭송, 동화, 떼제기도, 구주탄원 노래로 마치고 2부에서는 가벼운 간식과 더불어 맛있고 멋있는 담소를 나누었다. 손님으로 온 이들까지 열두 명이 참석한 기쁨방 기도의 밤은 향기롭고, 소박하고, 아름다웠다.
성탄도 못 지내고 저세상으로 서둘러 건너간 베앗다 수녀님 생각도 났지. 그의 묘지에 누가 갖다둔 하얀 편지도 눈물겨웠다. 2010. 12. 19.

오늘은 서울행. 서울 성모병원 암병원장인 전후근(라파엘) 박사님의 세례식에 참석. 축하를 해드렸다. 유아세례를 받은 나로서는 모든 세례식이 신기하고 아름답다. 2010. 12. 21.

오늘 오후엔 오랜만에 윤옥희(데레사), 허성범(파스칼) 부부가 인사를 왔고, 아주 오래된 우리의 인연을 조용히 돌아보는 시간이기도 했다. 그들은 이메일로 내게 말했지.
"수녀님과 찍었던 1976년부터의 사진들과 그간 보내주신 카드들까지 앨범 안에서 조우했답니다. 옛친구들을 다 기억해 주시고 변함없이 사랑해 주시고 온갖 사랑의 징표를 전해 주시고 싶어 늘 이것저것 챙겨 주시는 친정 언니 같으신 우리 수녀님 늘 감사합니다. 수녀님만 괜찮으시다면 한 달에 한 번씩이라도 가서 잔심부름도 해드리고 싶지요." (데레사)
"수녀님의 유쾌한 위트와 맑은 미소 모습 보면서 많은 것을 생각했습니다. 좋은 피정을 다녀온 듯하기도 했고, 영감을 주는 재미있는 책을 다 읽고 나서 더 읽을 부분이 없어 충만한 듯하면서도 아쉬운 그런 기분이기도 했습니다. 저희가 걱정했던 것보다 예전과 같이 여전하신 듯해서 든든했습니다." (파스칼) 2010. 12. 23.

"구유 앞에서 가만히 당신을 부르는 동안/ 우리의 마음은 좀 더 겸손하고 착해집니다/ 좀 더 온유하고 가난해집니다/ 구유 앞에서 온 인류가 감사의 노래로/ 새롭게 태어나는 오늘밤/ 우리의 사랑이 더욱 넓어져서/ 세상 끝까지 복음을 선포하는 꿈과 갈망을 안고 행복하게 된 것을/ 우리 함께 놀라워하고 찬미하나이다/ 우리의 첫 시작이고 기도이시며/ 우리의 마지막 사랑이고 희망이신/ 임마누엘 예수님, 어서 오십시오……."
〈당신을 경배하러 왔습니다〉라는 제목의 성탄 기도시를 내가 구유 앞에서 낭송하였지. 예년과 같이 외부에서도 많은 손님들이 밤미사에 참석했다. 2010. 12. 24.

오늘 저녁기도를 마치고 유안셀모 아저씨의 퇴임식을 하는데 그분과 특별히 개인적인 친분을 쌓은 것도 아니건만 어쩌나 눈물이 많이 나던지! 35년이나 수녀원 농장을 정말 열심히 관리해 주던 분. 나는 그분에게 별도로 감사의 카드를 적어드렸는데 그것을 퇴임식 중에 젊은 수녀가 대독을 하여 깜짝 놀랐네. 나이 들어도 이별의 슬픔은 감당이 안 되니 걱정이다. 2010. 12. 29.

2010년이 참으로 빨리 지나간 느낌!
오전에는 일부러 시간을 내어 부산 구치소에 어떤 재소자 면회를 갔는데 면회가 되질 않아 그냥 편지만 적어 놓고 왔다. 송년 감사의 밤에는 연피정하는 수녀님들도 올라와 더욱 좋았다. 80주년을 맞아 새로 준비한 수녀원 소개 동영상을 처음으로 보여 주는데 마음에 들었다. 우리가 부른 그레고리안 성가와 생활성가 노래 시디도 좋았고……. 감사로 가득했던 한 해가 새해에도 이어지길 기도한다. 2010. 12. 31.

가을 수녀원 뒷뜰에서(2009)

어떤 행복

하늘이 바다인지
바다가 하늘인지

기쁨이 슬픔인지
슬픔이 기쁨인지

삶이 죽음인지
죽음이 삶인지

꿈이 생시인지
생시가 꿈인지

밤이 낮인지
낮이 밤인지

문득문득 분간을
못할 때가 있어요

그런데
분간을 잘 못하는
이런 것들이
별로 문제가 되지 않네요
그냥 행복하네요

이런 행복을
무어라고 해야 할지
그냥
이름 없는 행복이라고 말할래요

3월, 성 요셉을 기리며

3월의 바람 속에
제일 먼저 불러보는
당신의 이름
그 이름 앞에
새삼 무슨 말이 필요할까요
당신의 생애는 그대로
한 편의 시였음을
3월의 바람이 일러줍니다

그 깊은 침묵은
하늘이 땅으로 내려오게 했고
그 강한 인내는

위선과 고집의 바위를 뚫게 했으며
그 맑은 겸손은
인류를 하나로 묶는 따뜻한 강이 되었습니다

삶이 고달플 때 당신을 생각합니다
사람들을 이해하기 힘들 때
때로는 울면서 당신을 기억합니다

긴 말 필요없는 침묵 속에
어느새 넓은 평화로 위로가 되어 주는
당신이 계시기에 행복합니다

예수님을 키우신 그 사랑으로
우리를 지켜 주소서
성모님과 함께하신 그 사랑으로
우리와 함께하소서

당신을 닮아 우리의 삶이
고통 속에서도
감사로 이어지게 하소서

2007. 3. 30.

부활 단상

세상은 무겁고 죽음은 어둡고 슬픔은 깊었습니다.
절망의 벼랑 끝에 눈물 흘리던 시간 위엔
고통의 상처가 덧나 어쩔줄을 몰랐습니다.
이제 당신이 오시어 우리를 부르십니까.
두렵고 황홀한 번개처럼 오시어
우주를 흔들어 깨우십니까.
차가운 돌무덤에 갇혔던 당신이 따듯하게 살아오시어
세상은 잃었던 웃음을 찾았습니다.
사람들은 기뻐서 하늘이 되었습니다.
우리가 서로를 사랑하는 순간들이
부활의 흰 꽃으로 피어나게 하소서.
날마다 조금씩 아파하는 인내의 순간들이

부활의 흰 새로 날아오르게 하소서.

예수께서 직접 봄이 되고 빛이 되어 승리하신 이 아침

아아, 이젠 다시 살아야겠다고

풀물이 든 새 옷을 차려입는 처음의 희망이여, 떨림이여……

내가 쓴 기도시 〈이제 당신이 오시어〉를 다시 꺼내 읽어 보는 새 아침!

✝

예수님, 어서 오십시오. 어서 일어나십시오. 당신의 죽음으로 우리를 살리신 주님, 천만 번 못 알아듣는 사랑의 신비를 한 가닥만이라도 헤아릴 수 있는 은총을 허락하소서. 오늘 풀들은 일어서고, 꽃들이 춤을 추고, 새들은 노래합니다. 자신이 만들어 낸 모든 죽음을 떨쳐 내고 저도 다시 살게 하소서. 다시 일어서게 하소서.

✝

"이 마음 닫히니 눈도 닫히고 마음 열리니 눈도 열리네. 이 모든 것 다 사랑의 문이 있고 없고 때문이네. 사랑 있으면 눈이 열리고 사랑 없으면 눈이 닫히고!"

문을 닫아걸고 속수무책으로 앉아 있던 그 의심 많은 제자들처럼 저도 가끔은 당신이 두렵습니다. 너무 환하고 너무 사랑 많은 당신이 두렵습니다. 적당히 사랑하시면 그다지 두렵지 않을지도 모르는데…….

✝

두려움을 버리고 예수님을 바라보기, 마음의 문을 열고 성령을 받기, 용

제4장 누군가를 위한 기도

서할 수 없는 것을 용서하는 용기를 지니기, 의심을 버리고 믿는 겸손을 지니기! 그러면 나는 문 닫아건 이웃에게도 평화를 전하는 평화가 될 것입니다. 일상의 가파른 언덕길을 거뜬히 뛰어넘으며 기쁨을 전하는 기쁨이 될 것입니다.

✝

마리아 어머니, 이별의 고통이 만남의 기쁨으로 변화되는 당신의 그 순간을 저도 체험합니다. 이제는 저도 당신과 함께 마음 놓고 행복해 해도 되겠지요? 제 남은 생애를 다 써 버려도 그리스도의 부활과 기쁨과 행복을 다는 노래할 수가 없겠지요. 그러나 어머니, 당신과 함께라면 저는 더욱 그분을 잘 사랑하고 찬미할 수가 있음을 당신도 아시지요?

✝

흰옷을 차려입고 부활예절에 참여합니다. 부활절을 맞아 새로 신은 구두가 마음에 듭니다. 걸음을 똑바로 걷는 일에도 도움을 주는 것 같고……. 갈릴레아, 랍보니, 첫새벽, 새 생명, 알렐루야, 기쁨, 엠마오, 샬롬, ……. 아침 미사 후 수녀들 각자 제비뽑기한 여덟 개의 이름으로 구성된 식탁에서 밥을 먹으니 평소에 가까이하지 못했던 이들과도 담소를 나눌 수 있어 기뻤습니다.

✝

'와서 아침을 들어라!' 제자들에게 조반을 초대하시는 주님의 그 모습은 얼마나 정겹고 아름다운지요! 저도 함께 사는 이들, 제 도움을 필요로 하는 이들에게 늘 준비된 마음으로 기쁘게 초대할 수 있는 넉넉함과 너그러움을 지니게 하소서.

†

비 온 뒤의 햇살이 생명감에 충만하고 평소의 햇살보다 더 아름답듯이, 지병 뒤의 쾌유가 떨리도록 감사하듯이 죽음 뒤의 생명은 얼마나 더 기막힌 놀라움이며 환희일까요.

†

꽃들이 다투어 피어나고 새들이 즐겁게 노래하는 이 새봄에 저도 완고함, 딱딱함, 고집스러움을 버리고 새로 돋아나는 연둣빛 잎사귀처럼 연하게, 부드럽게, 너그럽게 변화되게 하소서.

†

온 세상을 다니며 말씀을 선포하는 복음의 증인이 되는 것도 필요하지만 자기가 있는 곳에서 인내와 성실과 믿음을 다해 주님을 증거하고 이웃에게 기쁨을 주는 복음의 증인이 되는 것도 중요하다는 생각을 해봅니다.

†

늘 기적 속에 살고 있으면서도 끊임없이 기적을 바라고 요구하는 어리석은 욕심쟁이가 아니 되게 하소서. 하루 한 순간이 모두 은총 속에 이어지는 기적임을 더욱 절감합니다. 행복은 오늘 이 순간을 있는 그대로 받아들이고 평범한 일상생활을 성실하게 가꾸어 가는 데서 시작된다는 것을 늘 잊지 않으렵니다.

†

'내게 맡기신 사람을 하나도 잃지 않고……' 외람되나마 저도 이렇게 말할 수 있으면 좋겠습니다. 세상에서 이렇게 저렇게 인연을 맺고 사는 사람들을 사랑으로 보듬고 언제나 정성스럽게 이 관계를 가꾸어 가는 성실함을 잃지 않게 하소서.

✝

엠마오로 가는 길 위의 제자들처럼 저도 당신과의 만남으로 마음이 뜨거운 매일을 살게 하소서. 뜨거우면서도 조용한, 세상 떠나는 순간까지 늘 감동할 수 있는 마음을 지니고 싶습니다. 끊임없이 계속되는 사람들과의 만남 안에서 당신을 발견하고 그 사이에 사랑의 식탁이 차려질 수 있게 하소서.

✝

'갈릴레아로 가라!'고 말씀하시는 주님, 죽음을 이기고 부활하신 당신께서 다시 갈릴레아로 돌아가시듯 저도 다시 제 삶의 자리로 돌아가려 합니다.

당신이 그곳에서 하늘나라를 더 확실하게 선포하시고 하느님의 아름다우심을 보여 주셨듯이 저도 지금 제가 머무는 이 수도원, 일상의 소임을 통해 당신의 좋으심과 아름다우심을 전하고 싶습니다.

✝

오늘도 함께 사는 이들을 먼저 사랑하는 기쁨으로 당신 앞에 옵니다. 어머니이신 교회를 사랑하는 기쁨으로, 아픔 많은 세상을 사랑하는 기쁨으로 또 하루를 시작합니다. 좀 더 보편적인 사랑, 큰마음의 사랑을 하도록 당신께서 제 안에 들어와 넓은 바다 되소서!

☦

"연초록 껍질에／촘촘 가시를 달고 있는／장미꽃을 한 아름 산다／네가 나에게 꽂인 동안／내 몸에도 가시 돋는다／한 다발이 된다는 것은／가시로 서로를 껴안는다는 것／꽃망울에게 싱긋 윙크를 하자／눈물 한 방울 떨어진다／그래, 사랑의 가시라는 거／한낱 모가 난 껍질일 뿐／꽃잎이 진 자리와／가시가 떨어져 나간 자리, 모두／눈물 마른 자리 동그랗다／우리 사랑도 분명／희고 둥근 방을 가질 것이다."

이정록 시인의 〈사랑〉이라는 시를 읽으며 장미 향기를 맡습니다. '한 다발이 된다는 것은 가시로 서로를 껴안는 것'이라고 한 표현은 얼마나 아름다운지!

☦

늘 예수님 마음 안으로 들어가야 제 마음도 보호를 받습니다. 마음은 하도 약해서 쉽게 상처를 받는 것 같아요. 가장 믿고 사랑하는 이들 사이에서도 서로 말이나 표정이나 행동으로 상처를 받는 것을 보면 마음을 어떻게 다루어야 할지 난감할 때가 있습니다. 침묵만이 좋은 것인지요? 다정함도 병이 되는 것인지요? 나중엔 유익한 선물이 됨을 알지만 견디는 과정은 늘 괴롭고 힘이 듭니다.

☦

마음을 고요하게, 기도를 향기롭게! 님을 향하여 한 마음 새롭게 하는 날들…… '사랑도 새로워라', '사랑도 새삼스러워라' 가끔 이 구절이 제 마음속에서 맑은 물소리를 냅니다. 《말씀지기》 2008년 봄호

5월 성모의 밤에
더 많이 울어 주십시오

5월의 비를 맞고 뜰의 꽃들은 비와 함께
한바탕 울고 싶은 것 같았습니다
지저귀던 새들도 어딘가에 숨어
잠시 울고 있는 듯했습니다
어머니 어머니 어머니
오늘을 사는 우리의 마음이 편칠 못하니
변함없이 아름다운 자연들도 슬프고 아파 보이는 것일까요
우리가 봉헌하는 촛불 속에 오늘은
시름에 잠긴 이웃들의 수많은 얼굴이 보입니다
치솟는 집값 기름값 생필품값에
허리띠를 조르며 한숨 쉬는 이들의 얼굴
조류독감 파동으로 닭과 오리를 도살하며

악몽에 시달리는 농민들의 얼굴
공부에 지쳐 맑은 웃음을 잃어버린 아이들과 함께
근심하는 부모들의 지친 얼굴
쇠고기 수입으로 위협받는 먹을거리를 걱정하며
거리로 촛불 들고 나가는 이들의 모습을 보며
촛불이 더 이상 부드럽고 고요한
꿈과 낭만의 상징이 아닌 폭풍이고 태풍을 안은 기도임을 봅니다
가까운 이웃나라에선 사이클론으로 지진으로
수만 명이 죽어가는 참혹한 비극을
속수무책으로 바라보며 위로를 건네기도 전에
지구 반대편 저쪽에선 또 다른 불행한 일들이
연이어 일어나는 우리의 날들입니다
인간의 지나친 욕심과 오만으로 자연이 파괴되고
생태계가 무너지며 지구는 몸살을 앓고 있습니다
할 말을 잃고 바라만 보는 우리 마음이
아프다 못해 때로는 몸까지 아프지만
달리 어찌할 방법이 없기에 안타까운 눈물만 흘리는 우리를
기도가 잘 안 되고 기도해도 힘이 없는 우리를
가엾이 여겨 주시렵니까, 어머니

우리가 사는 이 세상은 어찌 이리 아프고 슬프고

무겁고 어둡고 괴롭고 힘든 것입니까, 어머니
얼마나 많은 눈물을 더 흘려야만 세상은 맑아지고 밝아지고
우리가 원하는 평화가 오는 것일까요
하늘 향한 두려움으로 더 겸손하게 낮아지라고
이토록 많은 시련과 아픔이 허락되는 것입니까,
우리는 답답하여 어머니만 부릅니다
혼자서 울고 함께 고민하다 결국은 십자가의 예수님을 바라봅니다
죽어야만 다시 사는 어리석음의 사랑을
끝까지 선택하신 그분의 침묵 속에
무력한 우리들은 포기하지 않는 사랑과 인내를 다시 배우렵니다
십자가 아래 서 계신 어머니의 고통 속에
길고 긴 기다림을 다시 배우렵니다

사랑의 어머니시여
사랑보다는 미움과 증오로 가득 차 슬픈
세상과 우리를 위해
우리 대신 더 많이 울어 주십시오
믿음의 어머니시여
믿음보다는 불신과 불안으로 가득 차 슬픈
세상과 우리를 위해
우리 대신 더 많이 울어 주십시오

희망의 어머니시여
희망보다는 절망과 좌절로 가득 차 슬픈
세상과 우리를 위해
우리 대신 더 많이 울어 주십시오
우리를 구원해 주십시오
어머니 어머니 어머니
부르는 것만으로도 위안이 되는
어머니의 그 이름을 부르며
오늘은 아름다운 장미를 바칩니다
가시 속에도 향기를 만드는 장미처럼
우리의 아프고 슬픈 삶의 가시 속에
희생과 기도로 향기를 더하는
장미의 나날들이 되게 해주십시오

십자가 아래서 어머니와 함께 울고 있던 우리는
이제 어머니와 함께 세상을 씻어 주는
눈물이 되고자 합니다
어머니를 닮은 이 세상의 어머니로
무거운 짐을 지고 희생하는 촛불이 되고자 합니다
오, 어머니가 계시기에
행복하고 감사한 오월의 이 다짐을

가장 아름다운 첫 약속으로 받아 주십시오,

당신의 아들 예수님의 깊은 성심 안에

우리를 기쁘게 봉헌합니다. 어머니

2008. 5. 30.

사제를 위한 연가

개인적 친분은 그리 중요하지 않아요
멀리서 바라보기만 해도
우리의 가슴이 뛰고 설레게 하는 당신을
신부님! 하고 나직이 불러보면
마음엔 장미 한 송이 피어나고
고향의 시냇물이 흘러갑니다

생의 모든 순간마다 거룩한 성사를 이루며
존재 자체로 빛과 소금인 예언자
당신은 언제나
우리의 스승이고 애인이고 친구입니다
우리의 이상이고 기쁨이고 희망입니다

모든 이를 끌어안되 누구의 소유도 되지 않으며
모든 이와 함께하되 항상 홀로여야 하는
아름답지만 고독한 길 위에서
때로는 힘들어 눈물 흘리며 하늘빛 지혜를 구하는
당신의 겸손을 존경합니다
좋은 일 생기면 소년처럼 수줍게 웃는
담백한 순수함을 사랑합니다

서늘하고도 뜨거운 사랑의 눈길로
당신이 제단에서 정성 다해 두 손 모을 때
우리도 두 손 모으며 순결하고 거룩한 사람으로
다시 태어나는 기쁨을 어찌 다 감사할 수 있을까요

말로는 다 표현 못할 영원에 대한 그리움과 목마름
순례자인 우리의 애틋한 영적 갈망을
이 지상에서 당신 아닌 누구도 채워 줄 순 없습니다

그리스도와 함께 오늘도
놀라운 사랑의 기적을 만들어 가는
그리스도의 사제여 눈사람을 닮은 예수님이여
당신이 살아 계신 세상은 아름답고 행복합니다

어둠 속에서도 빛을 잃지 않습니다

언제 어디서나 우리를 기다리는 집이 되어 주십시오
선과 진리가 승리하는 은총의 시간으로 우리를 초대하며
끝까지 함께 계셔 주십시오

우리 또한 당신 위해 기도를 멈추지 않아 행복한
당신의 사람들임을 자랑스러워하며
오늘도 겸손되이 강복을 청합니다
분꽃처럼 환히 웃어봅니다

2009. 12. 10.

어느 교사의 기도

이름을 부르면 한 그루 나무로 걸어오고
사랑해 주면 한 송이 꽃으로 피어나는
나의 학생들이 있어 행복합니다
그들과 함께 생각하고 꿈을 꾸고
희망을 이야기할 수 있어 감사합니다

힘든 일 있어도 내가 처음으로 교단에 섰을 때의
떨리는 두려움 설레는 첫 마음을 기억하며
겸손한 자세로 극복하게 해주십시오

가르치는 일은 더 성실한 배움의 시작임을 기억하며
최선을 다하는 열정을 지니고 싶습니다

그 누구도 내치지 않고 차별하지 않으며
포근히 감싸 안을 수 있는 너그러운 마음
항상 약한 이부터 먼저 배려하는
따뜻한 마음을 지니고 싶습니다

학생들의 말을 귀담아듣고
그들의 필요를 민감히 파악하여
도움을 주는 현명한 교사가 되게 해주십시오
아무리 화나는 일이 있어도
충동적인 언행으로 상처를 주지 않으며
자신의 감정을 절제할 수 있는
인내의 덕을 키우도록 도와주십시오
학생들의 잘못을 따끔히 나무라고 충고할 줄 알되
더 많이 용서할 수 있는 용기를 주십시오

항상 미소를 잃지 않는 얼굴
지식과 지혜를 조화시켜
인품이 향기로운 교사가 될 수 있도록
노력하고 또 노력하는 오늘을 살게 해주십시오

기도하고 인내하는 사랑의 세월 속에 축복받은 나의 노력이

날마다 새로운 꽃으로 피어나는 기쁨을
맛보게 해주십시오

어느 날 그 꽃자리에
가장 눈부신 보람의 열매 하나
열리는 행복을 기다리며
오늘도 묵묵히 최선을 다하는
아름다운 교사가 되게 해주십시오

2009. 12. 10.

군인들을 위한 기도

어떻게 님들을 잊을 수 있습니까
어떻게 님들을 사랑하지 않을 수 있습니까
꽃다운 나이에 전쟁터에서 함께 싸우다
함께 스러진 슬픈 님들이여
아직도 분단의 아픔을 겪고 있는
이 조그만 나라 위해 목숨까지 바친 고마운 님들이여
지금은 이 낯선 땅
돌 위에 새겨진 님들의 이름을
바람과 파도가 기도처럼 불러줍니다
한 번도 만난 적이 없지만
정다운 별로 살아오는 님들
지지 않는 그리움이여……

우리의 조국에 님들의 이름을
   사랑으로 새깁니다
   우리의 가슴에 님들의 이름을
   감사로 새깁니다……

 내가 쓴 이 추모시의 일부가 부산 유엔기념공원 추모명비에 새겨져 있다기에 얼마 전 일부러 보러 갔었다. 예전에 해외에서 손님들이 오면 유엔묘지를 꼭 참배하고 싶다고 하여 안내해 준 일이 있지만 이번에 다시 가보니 참으로 정성스럽고 아름답게 꾸며져 있어 한국인으로서 자랑스럽고 기뻤다. 한국전쟁 때 희생된 4만 895명의 이름이 나라별로 새겨진 추모명비 앞에서 한참 동안 찡한 마음으로 서 있었다.
 2천여 기의 유해가 안장되어 있는 묘역을 방문한 유족들이 적어 놓고 간 그리움의 메모들도 바람에 실려 오는 장미향기 속에 애틋하고 눈물겨웠다. 어떤 유족들은 병사의 유골을 가져가려고 안 좋은 마음으로 왔다가 아름답게 꾸며진 공원을 보고는 마음이 바뀌어 그대로 두고 가며 고마운 인사를 전했다고 한다.
 여중 시절, 해마다 현충일이 되면 거룩한 예식처럼 동작동 국군묘지를 참배하게 하고, 군인들에게 보내는 위문편지를 아름답고 정성스럽게 쓰도록 가르쳤던 선생님들……. 그 영향으로 나는 지금도 6월이 되면 전쟁터에서 희생된 군인들, 지금도 곳곳에서 나라를 지키는 군인들을 더 많이 기억하기로 지향을 갖는다. 어린 시절 전쟁을 직접 겪어서인가 지금도 종종 총소리에 놀라고, 어둡고 퀴퀴한 냄새나는 방공호에 숨어 있거나 피난길에 쫓기는 꿈을 꾸기도 한다. 가족 친지들과 트럭을 타고 피난을 왔던 이곳 부산에서 일생을 봉헌하는 수도생활을 하고 있는 것도 문득 신기하게 여겨질 적이 있다.

전시가 아닌 요즘은 상황이 매우 달라지긴 했지만 하늘에서 바다에서 육지에서 나라를 지키며 수고하는 군인들에게 우리는 항상 고마운 마음을 새롭게 가져야 할 것이다. 이 6월만이라도 각별하게!

얼마 전 강원도 춘천에 일이 있어 다녀오는 길, 지난 2월에 입대한 조카를 면회하러 갔는데 군부대에서 듣는 뻐꾹새 소리, 무더기로 피어 있는 패랭이꽃들이 유난히 애절한 아름다움으로 다가왔다. 머지않아 백일휴가를 나온다는 조카는 몸이 10킬로그램이나 빠진 걸로 보아 그간의 훈련이 꽤 고되었던 모양이지만, 집에 있을 때보다 안팎으로 훨씬 성숙하고 안정된 모습이었다. 엄마를 어머니로 호칭하고, 모든 말을 다 '습니다' 체로 바꿔 말하는 모습이 영락없는 군인의 모습이었다. 그 변화가 나에겐 새삼 놀랍고 신통했다.

초등학교 시절부터 유학을 떠났다가 서른 다 된 나이에 현역으로 입대하니 적응 못 하고 힘들어하진 않을까 우려하던 바와는 달리 그는 한결 늠름하고 씩씩한 청년의 모습으로 멋지게 변해 있었다. 직속상관과 나이가 같지만 그래도 서로 잘 지낸다는 것, 입대 전에 듣던 것과는 달리 군 생활이 그렇게까지 힘든 것은 아니고 할 만하다는 것, 예외적인 혜택을 누리기보다는 그냥 남들하고 똑같이 평범하게 지내는 것이 떳떳

하고 좋다는 것을 강조하는 그의 말에 나는 적이 안심이 되었다.

면회 시간이 끝나고 부대 안으로 들어가며 그래도 한 번쯤은 뒤를 돌아보겠지 기다리는데 끝까지 돌아보지 않는 조카에게 나는 '그래. 잘 가라, 권이병! 쿨한 군인답게 행동해 주어 고맙다. 그렇게 네 인생의 목적지를 향해 뒤돌아보지 말고 앞으로 전진하렴.' 하며 축복의 기도를 해주었다.

주님, 이 땅의 모든 군인들이 몸과 마음 건강하고 성실하게, 또 인내하며 맡겨진 임무를 다할 수 있도록 도와주소서. 자신을 넘어서는 넓은 마음과 동료를 위하는 따뜻한 마음과 나라를 사랑하는 애국심으로 나날이 새롭게 무장하는 투철한 투사이게 하소서. 그들의 가족인 우리 또한 변함없는 초록의 마음으로 그들을 응원하고 격려하며 기도하게 하소서. 보고 싶고 걱정되는 애틋한 그리움을 가슴에 안고 각자의 자리에서 씩씩하고 용기 있고 절제 있고 참을성 많은 '군인정신'으로 우리 또한 일상의 싸움터에서 최선을 다하는 승리자가 될 수 있도록 늘 함께하여 주소서. 아멘.

《부산일보》 2007. 6. 7.

어느 날 병원에서
의사 선생님께

오늘도 진료실 앞 대기실에 앉아 주치의인 선생님 이름 아래 제 이름이 나오는가 확인하며 차례를 기다리고 있습니다. 병원에 오면 늘 번호로 분류되는 수많은 환자들 중의 한 명일 뿐이지만 선생님을 대하는 저의 마음은 매우 각별하고 애틋하다는 것을 알고 계신지요?

사실 이 병원에 와서 선생님의 환자가 되기 전까지는 저도 의사들의 삶에 대체적으로 무심했지만 지금은 그럴 수가 없게 되었습니다. 밖에선 평범하게 지내다가도 병원에 들어와 흰 가운을 입는 그 순간부터 잠시도 쉴 틈 없이 긴장하며 깨어 있는 가운데 많은 환자들을 돌보아야 하고, 그들의 보호자들과도 상담을 해야 하며, 때론 잘못한 것도 없이 원망을 들어야 하는 선생님의 막중한 소임을 위해 기도를 하지 않을 수가 없습니다.

커다란 꿈과 희망을 안고 선택한 의사의 길에서 보람도 크지만 때로는 후회가 될 만큼 힘들고 고독한 결정을 해야 하는 당신의 피곤함이 건강을 해치면 어쩌나 하고 오히려 환자인 제가 걱정하고 있습니다.

건강한 사람이든 아픈 사람이든 결국은 누구나 다 시한부 인생을 사는 것이지만, 구체적으로 생사의 갈림길에 서 있는 암환자로서 제가 앞으로 얼마나 더 살 수 있을 것 같냐고 물었을 때, 난처한 표정으로 말을 아끼며 하늘을 가리키던 선생님. 환자의 상태가 좋아지면 함께 기뻐하고 나빠지면 함께 슬퍼하는 선생님. 제가 다른 과에서 진찰받을 일이 생겼을 적엔 그쪽의 담당 의사에게 마치 자식을 부탁하는 부모처럼 겸손한 모습으로 정성을 다하시던 선생님을 잊지 않을 것입니다.

큰 수술을 받고 병실에 누워 있을 무렵엔 내내 벽만 바라보는 단조롭고 지루한 일상이었기에 하루에 두 번 회진오시는 선생님을 기다리는 것이 커다란 위안이고 기쁨이었지요. 그래서 선생님의 사정과는 상관없이 이런저런 할 말을 많이도 생각해 두었고요. 하지만 적지 않은 일행을 이끌고 병실에 다녀가시는 그 시간은 한 점의 바람처럼 찰나적이라 허전하고 서운할 적이 한두 번이 아니었지요.

그래도 저는 그 시간이 참 좋았습니다. 선생님의 밝은 표정과 생명을 향한 처방은 언제나 힘과 위로가 되었습니다. 한계를 지닌 인간인 당신에게 늘상 기적의 슈퍼맨이기를 바라는 것은 부담되시지요? 모든 것을 다 듣고 해결해 줄 원더맨으로 여기며 환자나 보호자들이 때로 무례하고 불편하게 굴더라도, 내치지 않고 친절하게 웃어 줄 수 있는 넓은 마음을 갖도록 해달라고 선생님도 속으로 기도한다는 것을 알고 있습니다.

병원에서는 모두들 선생님의 치유의 손길만 바라보고 있다는 것을,

따뜻하고 친절한 마음씨에 기대고 싶어 한다는 것을, 선생님의 표정과 말씨 하나하나가 환자들의 삶에 지대한 영향을 미친다는 것을 선생님도 잘 알고 계십니다.

의사들에게 병원은 하나의 커다란 도장(道場)일 테지요. 밤낮으로 학문을 갈고 닦아야 할 학교일 것입니다. 낯선 사람들도 가족으로 대해야 하는 또 다른 집일 것입니다. 새로운 만남과 이별을 체험해야 하는 곳, 삶과 죽음이 시시로 교차되는 순례의 여행지일 것입니다. 때로는 불꽃처럼 뜨거운 감성으로, 때로는 얼음처럼 차가운 이성으로 자신을 다스려가는 멋진 구도자로 최선을 다하는 선생님이시길 기도합니다. 선생님이 계시기에 행복했다고, 감사했다고 저도 나직이 고백하면서 눈을 감고 있는데 앗, 간호사님이 방금 제 이름을 부르는군요.

곧 진료실에 들어가 선생님을 뵙고 제 몸의 상태를 보고드려야겠습니다. 가장 짧지만 뜻 깊은 인사도 건네야겠습니다.

초록빛 잎새를 흔드는 한 그루 나무처럼 부디 건강하고 행복하시라고 말씀드리면 정겹고 환하게 웃어 주실 거지요?

약을 먹기 싫다는 제 어리석은 투정도 받아 주실 거지요?

선생님이 어느 날 제게 가장 하기 힘든 마지막 말을 하게 되는 그날이 오더라도 여전히 선생님을 존경하고 신뢰하는 마음 놓지 않을게요.

힘내세요, 선생님!

선생님을 사랑하며 기도하는 이가 여기 있습니다.

2010. 6. 14. 성모병원에서

고마운 간호천사들께

아름다운 5월에 나이팅게일을 기리며
나이팅게일을 닮은 이 땅의 천사들을 불러보는
우리 마음에 오늘은 하얀 안개꽃이
고맙다고 고맙다고 웃으며 피어납니다

밤낮으로 깨어 사는 사랑의 불침번인 당신
어디라도 언제라도 날랜 발걸음으로 달려오는
당신이 있어 우리는 행복합니다

"좀 어떠세요?"
"힘드시지요?"
"괜찮아질 거예요."

"잘 참으셨어요."

체온과 혈압과 맥박을 재고 주사를 놓으며
당신이 건네주는 친절한 한마디가
아픈 이들에겐 든든한 기쁨이고 위안입니다

아플 때마다 나이를 잊고
우리는 당신 앞에 어린애가 됩니다
힘들다고 짜증 내고 무례하게 굴어도
귀찮은 내색 없이 넓은 마음으로 이해하고
미소로 일관하는 인내심에 우리는 감동하고 미안해하며
당신을 사랑하기 시작합니다

모든 이를 가족처럼 끌어안는 따스한 마음
아픈 이를 먼저 배려하느라
피곤해도 내색 않는 겸허한 마음

자신에겐 냉정할 수 있는
절제와 중용과 지혜의 덕을 쌓으며
당신은 오늘도 아름다운 흰옷 입고
우리를 지키는 나이팅게일입니다

한밤의 병동을 사랑의 불빛으로 밝히는
우리의 등대, 생명의 수호자
이 땅에 없어서는 아니 될 치유천사, 위로천사여
고달프지만 행복한 희망천사여
참으로 고맙습니다

사랑의 먼 길을 걸어온
100년간의 섬김과 돌봄을
진심으로 축하드립니다

당신의 이름과 얼굴을 잊을 수는 있어도
당신이 충실하게 남긴 사랑의 손길만은
한순간도 잊을 수가 없습니다
그 사랑의 손길이 더 뜨겁고 아름답고 순결하게
영원으로 이어지게 하소서

당신이 있어 행복한 우리 마음에
빨간 장미 한 송이 고맙다고 고맙다고
웃으며 피어나는 오늘입니다

2010. 5. 12. 나이팅게일의 날에

세상의 모든 가족들이
가정의 달에 바치는 기도

우리 집이라는 말에선

따뜻한 불빛이 새어 나온다

'우리 집에 놀러 오세요!' 라는 말은

음악처럼 즐겁다

멀리 밖에 나와 우리 집을 바라보면

잠시 낯설다가

오래 그리운 마음

가족들과 함께한 웃음과 눈물

서로 못마땅해서 언성을 높이던

부끄러운 순간까지 그리워

눈물 글썽이는 마음

그래서 집은 고향이 되나 보다

헤어지고 싶다가도

헤어지고 나면 금방 보고 싶은 사람들

주고받은 상처를

서로 다시 위로하며

그래, 그래 고개 끄덕이다

따뜻한 눈길로 하나 되는 사람들

이런 사람들이

언제라도 문을 열어 반기는

우리 집 우리 집

우리 집이라는 말에선

늘 장작 타는 냄새가 난다

고마움 가득한

송진 향기가 난다

-이해인, 〈우리 집〉 전문

5월의 햇살 아래 아름답게 빛나는 나무들을 보면 가슴이 뜁니다. 나무 아래서 초록물이 든 가슴으로 가족들의 이름을 하나씩 불러보며 오늘은 이렇게 기도해 봅니다.

세상의 모든 가족들이 서로를 위하고 아끼고 배려하는 마음을, 평범하고 사소한 일상에서 섬세하게 표현하며 살 줄 알게 하소서. 서로 고마운 것은 고맙다 하고 잘한 것은 잘했다고, 칭찬하고 격려하는 가족의 또 다른 이름은 사랑이고 그리움이고 기쁨인 것을 새롭게 감사드립니다.

세상의 모든 가족들이 서로의 결점과 허물을 감싸 안는 따뜻함과 너그러움으로 끝까지 기다리며 인내하는 법을 배우게 하소서. 가족의 또 다른 이름은 기다림의 눈물이고 기도인 것을 새롭게 감사드립니다.

세상의 모든 가족들이 힘든 상황과 시련 중에도 서로를 내치지 않고 함께 목숨 바쳐 서로의 짐을 기꺼이 지고 나누는 '고통 속의 축복'에 이르게 하소서. 가족의 또 다른 이름은 아픔 속으로 들어가는 연민이고 용서이고 화해인 것을 새롭게 감사드립니다.

세상의 모든 가족들이 시선을 넓히고 마음을 넓혀 도움을 필요로 하는 이웃에게 따뜻한 손길을 펴는 인류애를 실천하는 데 인색하지 않게 하소서. 함께 길을 가는 가족의 또 다른 이름은 자비의 나눔이고 봉사이고 헌신인 것을 새롭게 감사드립니다.

우리가 밥을 먹을 때, 일을 할 때, 공부할 때, 기도할 때, 여행을 할 때 문득문득 그리움 속에 떠올려 볼 가족이 있다는 것은 얼마나 행복한 일입니까. 종종 마음이 상했다가도 금방 화해하며 웃을 수 있는 가족이 있어 이 세상은 머물 만한 사랑의 집이 되고, 희망의 꿈터가 되고, 일터가 되는 것이겠지요.

며칠 전에는 나에게 실컷 남편 흉을 보고 나서도 그가 좋아한다며 토마토를 한 상자나 사가는 어느 주부의 모습이 사랑스러워 웃음이 절로 났습니다. 수녀원 내의 유치원에 행사가 있을 적마다 아이들의 재롱을 바라보는 엄마, 아빠, 할머니, 할아버지들의 표정을 보면 그야말로 '환희의 극치'여서 '나는 언제 저런 표정을 한번 지어본 적이 있던가?' 하며 수행자로서의 자신을 돌아보곤 했습니다. 방황하는 소녀들과 임시로 가정을 꾸리고 사는 어느 엄마 수녀님의 부엌일하는 모습도 아름다워 보입니다. 무의탁 노인들을 피붙이 못지않은 사랑과 정성으로 돌보는 노수녀님의 모습에서 하늘나라의 천사를 발견합니다.

비록 피를 나누진 않았어도 가족으로 결속된 이 땅의 많은 가정들에도 5월의 신록처럼 싱싱한 평화가 깃들기를 기원하면서 마더 데레사의 말씀을 다시 새겨봅니다.

사랑은 가족에서부터 시작합니다……. 우리 가족 안에 대단히 불쌍한 사람이 있는데 우리가 그들을 몰라보고 있는지도 모릅니다. 우리는 미소를 지을 시간도 서로 이야기할 시간도 없이 지냅니다. 먼저 우리 가정에 사랑과 자비심을 가져옵시다. 그러면 달라질 것입니다. 가정은 우리 한 사람 한 사람이 사랑과 헌신과 봉사를 실천할 최초의 활동 분야입니다.

《부산일보》 2007. 5. 10.

휴가를 어떻게 보내냐구요?
휴가 때의 기도

 태풍이 지나간 후의 바다 빛깔은 어찌 이리 푸른지요! 숲은 또 어찌 이리 깨끗한지요! 전라도의 어느 차밭에서 휴가를 보낸다느니, 강원도 설악산 밑 어느 민박집에서 휴가를 지낸다느니, 가족들과 함께 해외여행을 계획하고 있다느니 하는 친지들의 소식을 들으니 8월에는 너도나도 여름휴가를 떠나는 계절임이 실감납니다.
 바다가 가까운 우리 수녀원에도 휴가 손님들이 더러 오는데 지난해부터는 '해변 가족피정'이라는 프로그램을 마련해 가족들끼리 자연과 벗하여 산책도 하고 등산도 합니다. 성서나 시집을 읽는 시간도 갖고, 기도시간에는 자신의 내면을 돌아보며 성찰하는 시간도 갖습니다. 나뭇잎이나 조가비로 서로에게 사랑의 카드를 써 보기도 하며 즐겁고 유익한 시간을 갖는 것을 보았습니다.
 오래전 일이지만 저는 휴가 기간 중 며칠을 할애해 동료 수녀 네 명과 같이 어느 목사님이 운영하는 고아원에 가서 각자의 재능에 따라 집안일과 수업을 즐겁게 나누어 했던 추억이 있습니다. 일종의 '봉사 휴가'였던 셈이지요. 쉬는 가운데서도 책을 많이 읽으면 독서 휴가, 명상을 주로 하면 명상 휴가, 관광을 주로 하면 관광 휴가, 잠시 무언가를 배운다면 배움 휴가로 이름붙일 수도 있을 것 같습니다.

제가 아는 어느 수사님은 휴가 기간에 수도원마다 다니면서 자신의 여러 기술을 이용해 이것저것 수리를 해주는 것을 기쁨으로 여깁니다. 휴가를 휴가답게 하려면 바쁜 일을 떠나 여유를 지니되 자신의 내면을 한껏 충전시킬 수 있는 쉼이 되도록 애써야 할 것입니다. 기껏 휴가를 다녀와서 너무 힘들었다고, 안 가느니만 못했다고 불평하며 '다시 쉬어야겠다'는 푸념을 하지 않도록 말입니다.

하필 휴가 기간 중에 환속하려는 동료를 보며 어느 수행자가 말하는 것을 들은 일이 있습니다. 누구나 마찬가지겠지만 특히 수도자는 휴가 때 자기관리를 더 잘해야 한다고, 참된 자유와 방종의 차이를 알고 자신을 제대로 다스릴 줄 아는 지혜와 용기가 있어야만 휴가할 자격이 있는 것이라고…….

참, 올 휴가를 어떻게 할 것이냐고 저에게 물으셨지요? 이 여름엔 느티나무가 잘 보이는 조그만 침방에서 부채를 들고 더위를 식히면서 좋은 책을 읽고 음악을 듣고 더러는 시도 쓰면서 '부분 휴가'를 하게 될 것입니다. 그리고 '휴가'라는 말만 들어도 가슴이 철렁 내려앉을 슬픈 이웃을 위한 기도도 잊지 않으려 해요. 얼마 전 캄보디아에서 참변을 당한 가족들을 생각하면 가슴이 아픕니다.

　수년 전 모처럼 벼르고 별러 중국으로 여행을 떠났다가 돌아오는 길에 김해에서 비행기가 추락해 참변을 당한 중국 민항기의 희생자들도 생각납니다. 돗대산에 해마다 깨꽃이 많이 피는 이유는 희생된 가족들이 선물로 사들고 온 깨들이 모두 땅에 쏟아져서 그리 된 것이라는 말을 듣고 울었던 기억이 있습니다. 요즘도 깨만 보면 그분들이 생각난답니다.

　어쨌든 올 여름 휴가, 잘 다녀오시기 바랍니다. 마음엔 맑음을 얼굴엔 밝음을 담아 오시어 그 맑고 밝은 빛으로 주위를 밝혀 주시면 저도 더불어 행복할 것입니다.

　시간적, 경제적 여유가 없어 휴가를 포기할 수밖에 없는 이들에게 미안한 마음도 약간 지니셔야죠? 노는 데만 열중하지 말고 종종 폭넓은 기도도 바치시길 바라고요. 아름다운 유적지를 보면 사진만 찍지 말고 수첩을 꺼내 중요한 것을 기록하는 습관도 키워 가시면 합니다.

　휴식의 공간이 어느 곳이든지
　함께하는 이들이 누구든지
　우리의 휴가길에는
　쓸데없는 욕심을 버려서 환해진 미소와
　서로 돕고 양보하는 마음에서 피어오른
　잔잔한 평화가 가득하게 하십시오

……

넓디넓은 바다에서는
끝없이 용서하는 기쁨을 배우고
깊고 그윽한 산에서는
한결같이 인내하는 겸손을 배우며
각자의 자리에서 성숙하게 하십시오
항상 곁에 있어 귀한 줄 몰랐던
가족, 친지, 이웃과의 담담한 인연을
더없이 고마워하며 사랑을 확인하는
은혜로운 휴가가 되게 해주십시오.

-이해인, 〈휴가 때의 기도〉 중에서

《부산일보》 2007. 8. 6.

예수님의 이름을 부르는 것만으로도
성탄 구유예절에서

길 잃은 이 세상에
길이 되어 오시는 구세주 예수님
세상은 내내 당신을 기다렸고
우리는 당신을 그리워했습니다
오직 당신만이 구원자이심을
새롭게 고백하는 오늘밤
당신의 이름을 부르는 것만으로도
감사하고 행복한 우리 벅차오르는 설렘과 기쁨 속에
당신의 그 이름을 다시 불러봅니다

세상에서 가장 빛나는 이름, 예수님
당신의 오심으로 이 밤은 더욱 빛납니다

당신의 그 빛남으로
우리의 죄 많은 어둠을 밝혀 주소서
죄의 어둠 속에 쉽게 빠지지 않을
눈 밝은 지혜와 용기를 주소서

세상에서 가장 거룩한 이름, 예수님
당신의 오심으로 이 밤은 더욱 거룩합니다
헛된 것을 따르는 우리의 눈길과 마음을
정화시켜 주소서
항상 하느님을 첫자리에 두며
완덕으로 정진하는 거룩함에 이르게 하소서

세상에서 가장 고요한 이름, 예수님
당신의 오심으로 이 밤은 더욱 고요합니다
당신의 그 고요함으로
온갖 분심잡념 속에
소란하기 그지없는 우리 마음을 고요하게 하소서
침묵으로 오시는 말씀이신 당신 안에 우리 모두
미움의 거친 말이 아닌 '사랑의 고운 말'로
일상의 삶에서 다시 태어나게 하소서

세상에서 가장 따뜻한 이름, 예수님
당신의 오심으로 이 밤은 더욱 따뜻합니다
우리의 차가운 무관심과 냉담함
서로를 따뜻하게 챙겨 주지 못하는 욕심과
용서에 더딘 이기심으로
얼어붙은 마음들을 녹여 주소서
안팎으로 많은 문제를 안고 고민하며 괴로워하는
우리 가족들의 겨울을 당신의 사랑으로 녹여 주소서

세상에서 가장 겸손한 이름, 예수님
당신의 오심으로 이 밤은 더욱 겸손합니다
편견과 오만으로 끈질기고 뻣뻣하게 되어
우리 스스로도 힘들어하는
속 깊은 교만의 뿌리를 뽑아내고
온유함과 겸손함으로 다시 태어나게 하소서
자신의 허물과 잘못을 있는 그대로 받아들이는
어린이의 단순함과 부드러움을
다시 배우게 하소서

세상에서 가장 의로운 이름, 예수님
당신의 오심으로 이 밤은 더욱 의롭습니다

사소한 불의와도 타협하지 않는 정직함으로
함부로 양심을 팔지 않는 깨끗함으로
우리 모두 부끄럼 없이 거듭나게 하소서
작지만 자랑스러운 순교성인들의 땅에
사는 국민으로
우리나라의 크고 작은 고통의 어둠과 시련들도
함께 마음 모아 슬기롭게 극복하는
아름답고 꿋꿋한 의인 되게 하소서

아기 예수님의 탄생을 반기는 오늘
하늘에서 땅으로 내려온 천사들과 함께
우리 모두 함께 기뻐하는 별이 됩니다
빛나게 거룩하게 고요하게
따뜻하게 겸손하게 의롭게
당신을 따르는 별이 됩니다

세상에서 가장 아름다운 이름, 임마누엘 예수님
처음과 마지막으로 우리가
함께 부를 이름, 예수님
살아가는 법을 몰라 길을 잃었던 우리
길이신 당신을 따르는 또 하나의 길이 되겠습니다

사랑하는 법을 몰라 집을 잃었던 우리
집이신 당신과 함께
집 없는 이들의 집이 되겠습니다
우리가 서로를 인내하고 용서하는 순간마다
우리 안에 새롭게 태어나실 아기 예수님
사랑하는 당신께 고개 숙여 큰절 올립니다
이제와 영원히 찬미영광 받으소서!
아멘.

2008. 12. 24.

용서하십시오
조그만 참회록

용서하십시오.

똑같은 시간이라도 12월이 되면 왜 이리 몸과 마음이 한꺼번에 바빠지는지요! 시간도 뛰어가고 마음도 뛰어가는 듯 숨이 차옵니다. 지난 한 해의 삶을 돌아보며 반성도 해야겠고, 안팎으로 주변 정리도 해야겠고, 고마운 사람들에게 편지를 쓰며 조그만 선물이라도 해야겠다는 마음이 앞서는 계절이기도 합니다.

촛불을 켜고 기도하는 마음으로 조그만 참회록을 적어 친지들과 나누는 것 또한 아름답고 소박한 선물이라 여겨지기에 몇 가지 항목으로 나누어 시도해 보니 당신도 그리 해보시면 어떨는지요?

✝

늘 새로운 선물로 다시 오는 시간 속에 살면서도 '시간 없다'는 말을 습관적으로 너무 많이 하고, 잠시 낼 수 있는 시간조차 내어 주질 않아 가족, 친지, 이웃을 서운하게 한 일이 많았음을 반성합니다. 어쩌면 저에 겐 시간이 없는 것이 아니라 사랑이 없을 때가 더 많았기에 부끄럽습니다. 용서하십시오.

늘 무슨 이야길 하고 싶어 하는 이들에게 진심으로 귀 기울여 듣지 않고 대충 건성으로 들을 때가 많았습니다. 그가 원하는 것에 초점을 맞추기보다는 나만의 생각에 빠져 나만의 방식으로 의견을 주었기에 상대방을 더욱 외롭게 만들었음을 반성합니다. 이렇게 정성 없는 제 모습이 부끄럽습니다. 용서하십시오.

아주 사소한 일에서도 발견할 수 있는 기쁨을 멀리하고 우울함과 가까이 지냈으며, 자주 침울한 표정을 지음으로써 다른 사람들까지 힘들고 무겁게 만들었음을 반성합니다. 삶에 대해 희망찬 의욕보다 의기소침한 태도로 웃음을 잃었던 제 모습이 부끄럽습니다. 용서하십시오.

여럿이 모인 자리에서 남을 곧잘 비난하였으며, 잘 알지도 못하는 일을 사실인 양 단정적으로 남에게 전하기도 했던 비겁함과 경솔함을 반성합니다. 판단은 보류할수록 좋고, 검증되지 않은 말을 전하는 것은 죄가 된다는 것을 잠시 잊고 살았던 제 모습이 부끄럽습니다. 용서하십시오.
늘상 나만의 감정에 빠져 다른 이의 기쁨이나 슬픔과 함께하는 너그러움이 부족했음을 반성합니다. 다른 이의 슬픔에 동참해 울어 주고 다른 이의 기쁨에 함께 웃어 주는 넓은 사랑보다는 자기중심적인 방향으로 치우치는 나의 좁은 사랑이 부끄럽습니다. 용서하십시오.

나를 힘들게 한 이들의 잘못을 용서한다고 말은 쉽게 했지만 실제로는 온전히 용서하지 못하고 내내 마음속에 떠올리며 미움과 노여움을 되새김하였음을 반성합니다. 용서를 통한 사랑의 승리자가 되지 못하고 사라지지 않는 미움을 한 켠에 품어 두곤 하는 나의 옹졸함이 부끄럽습니다. 용서하십시오.

크게 작게, 알게 모르게 내가 받은 다양한 종류의 은혜에 대하여 좀 더 충분히, 좀 더 구체적으로 감사하지 못했음을 반성합니다. 감사를 표현하기보다 오히려 자주 불평하며 복에 겨운 투정을 한 적이 많은 내 모습이 부끄럽습니다. 용서하십시오.

잘 지키겠다고 한 친지들과의 약속을 충실히 지키지 못했음을 반성합니다. '다시 만나요!', '기도할게요!' 하는 약속조차 잘 챙기지 못하고도 늘 변명하고 합리화하는 내 모습이 부끄럽습니다. 용서하십시오.

나 자신의 죄와 잘못을 좀 더 예민하게 성찰하는 노력이 부족했으며 잘못된 부분들에 대하여는 좀 더 깊이 뉘우치고 용서 청하지 않은 무례함을 반성합니다. 죄가 많으면서도 죄를 감추고 싶어 하는 위선자인 나의 모습이 부끄럽습니다. 용서하십시오.

†

 이런 식으로 적어 가려니 끝이 없네요. 살면 살수록 장점이 많은 나보다 단점이 많은 나 자신을 더 많이 보게 되지만 그래도 행복하다고 말하렵니다. 상상 속에 있는 완전한 나보다 결점투성이의 지금의 내 모습을 더 사랑하며 현재진행형의 노력을 게을리하지 않는 오늘의 내가 되고 싶습니다. 삶의 길에서 수고 많았던 나의 벗들과 함께 한 해를 마무리하며 이 시를 읽어 드립니다.

  산 너머 산
  바다 건너 바다
  마음 뒤의 마음
  그리고 가장 완전한 꿈속의 어떤 사람
  상상 속에 있는 것은 언제나 멀어서 아름답지
  그러나 내가 오늘도 가까이 안아야 할 행복은
  바로 앞의 산
  바로 앞의 바다
  바로 앞의 내 마음
  바로 앞의 그 사람
  놓치지 말자 보내지 말자

 -이해인, 〈어떤 생각〉 전문　　　　　　　　　《부산일보》 2007. 12. 3.

감사하면 할수록
송년 감사

세월이 정말 빠르지요? 1월과 12월 사이의 거리가 어찌 이리 가까운지 항상 놀라게 됩니다. 12월이 되면 한 해 동안 받은 감사의 목록을 몇 가지만이라도 마음의 수첩에 적어 보고 싶습니다.

지난 한 해 동안 제가 받은 모든 시간들에게 감사합니다. 가기도 하지만 오기도 하는 시간들을 새로운 선물로 받아안으며 나름대로 열심히 살아온 한 해였습니다. 이 시간 속에 이루어진 새로운 만남과 이별들에 대해 감사합니다. 사람들과의 새로운 만남은 제 삶에 활기를 주었고, 우정의 행복을 알게 해주었습니다. 정든 사람들과의 이별은 헤어지는 슬픔이 어떤 것인지, 왜 함께 있을 때 더 잘해야 하는 것인지 그리고 우리 모두가 지상의 순례자임을 다시 깨닫게 해주었습니다.

한 해 동안 제가 했던 일상의 일들과 봉사에 대해서 감사합니다. 반복되는 것일지라도 일은 살아 있는 사람으로서의 기쁨을 누리게 해주었며, 봉사는 다른 사람을 이해하고 받아들이는 가운데 사랑을 넓히는 기쁨을 맛보게 해주었습니다. 때로는 무엇을 할지 몰라 우두커니 허송세월하며 앉아 있거나 스스로를 '바보'로 여기며 무력함에 빠져 있던 그 시간들조차도 감사합니다. 그 미지근하고 게으름에 빠졌던 어리석음을 통해 삶의 소중함과 시간의 의미를 새롭게 알았기 때문입니다. 사람들에게 받았던 칭찬과 격려도 좋았지만 오해받고 비난받은 부분들에 대해서도 감사합니다. 칭찬은 간혹 저를 들뜨게 만들었지만, 비난은 저의 약점과 실수를 진지하게 돌아보고 반성하는 겸손한 계기가 되었기 때문입니다.

한 해 동안 제가 읽은 좋은 책들, 다양하게 먹은 음식들도 감사합니다. 책들은 저의 정신과 영혼을 풍요롭게 했고, 음식은 육신을 지탱하는 양분이 되었습니다. 한 해 동안 제가 보았던 여러 종류의 그림들, 틈틈이 들었던 음악들도 감사합니다. 예술인들은 이미 세상을 떠났어도 그들이 남긴 작품을 통해 아름다운 예술혼과 교감하며 마음이 정화되는 감동을 어찌 다 감사할 수 있을까요.

어느 날 예기치 않게 찾아온 질병, 고통, 슬픔들에도 감사합니다. 비켜 가고 싶은 아픔을 내치지 않고 긍정적으로 받아들이니 서로 미안하다고 손잡아 주는 친구가 되었습니다. 다른 이의 도움을 받게 되니 약자의 입장을 좀 더 구체적으로 헤아려볼 수 있는 계기가 되어 좋았습니다.

제가 한 해 동안 바쳤던 기도와 다른 이들로부터 받았던 기도들에 대해서도 감사합니다. 기도의 달인은 아니지만 그래도 제가 한 기도를 통해 삶에 필요한 인내를 배우고 지혜가 밝아졌으며, 이웃이 저를 위해 겸허하고 꾸준하게 바쳐 준 기도를 통해서 다시 살아갈 힘과 용기를 얻었습니다.

한 해 동안 제가 받은 여러 종류의 선물들에 대해서도 감사합니다. 물건이든 재능이든 시간이든 무언가를 제게 기꺼이 나누어 준 이들에게 제때에 충분히 감사하지 못해 미안하고 송구한 마음을 어찌해야 할지 몸 둘 바를 모를 때가 많습니다.

제가 아직 살아서 이렇게 감사할 수 있음을 감사합니다. 저의 감사의 목록은 끝이 없을 것입니다. 감사하면 할수록 감사가 넘쳐나는 은혜로운 기적을 저는 더 많이 체험하며 살고 싶습니다. 감사의 보석들이 많이 박힌 가슴과 가슴으로 사람들이 만나 진정 감사밖엔 달리 할 일이 없는 아름다운 세상을 꿈꾸어보는 것만으로도 행복합니다.

또다시 가는 한 해, 지는 해를 바라보며 이렇게 기도하렵니다.

'참 고마워요. 힘들어도 아름다운 일 년이었어요!'

또다시 오는 한 해, 떠오르는 해를 바라보며 이렇게 기도하렵니다.

'참 고마워요. 또 하루하루 살아갈 새 힘을 당신이 주실 거지요?'

《샘터》 2010년 12월호

일러두기
이 장에 인용한 성서 구절은 대한성서공회에서 발행한
《공동번역성서》(가톨릭용) 1977년 부활절 초판본을 따랐다.

제5장

시간의 마디에서
묵상일기

소리쳐 말하지 않더라도 행동으로 복음을 전하는 조용한 사도가 되게 하여 주소서.
저도 당신 안에 천리향, 만리향이 되어 이웃에게 복음의 향기를 전하는 기쁨을 누리게 하소서.

수녀원 로사리오 정원에서

일기

오늘도
불을 켜 놓고 잠이 들었다
마음의 불도
그대로 켜 놓은 채
나는 계속
낯선 길을 헤매는
꿈을 꾸었지

문득 놀라
잠에서 깨니
아무도 없는

고요한 방

괜찮다 괜찮다
다정하게 들려오는
하느님의 목소리

1998년 1월 1일 목

"마리아는 이 모든 일을 마음속 깊이 새겨 오래 간직하였다." (루카 2:19)

성모님, 저는 어떤 일을 당신처럼 마음속에 깊이 담아 두질 못하는 경솔한 가벼움을 버리지 못하고 있습니다. 오늘 아침 식탁에서도 안 해도 좋을 말을 형제에게 던지고 즉시 후회하였습니다.

사랑하는 어머니!

새해를 시작하는 오늘, 당신께 도움을 청합니다.

말이나 글로 무엇을 표현하기 이전에 마음에 깊이 담아 익혀 두는 수련생이 될 수 있도록 늘 함께하여 주십시오. 사랑합니다!

1998년 1월 12일 월

"나를 따라 오너라." (마르코 2:14)

매일매일은

주님을 따르는 길

어느 날은 오솔길

어느 날은 언덕길

어느 날은 가파른 길

어느 날은 평탄한 길……

길의 모습은 다르지만 부르시는 그분은 같으신 분

일상의 모든 삶이 그분께로 이르는 길이어야 하는데 나는 가끔 그분의 목소리를 비켜 간 적이 없는가? 귀를 막지는 않았는가? 부르시는 분이 계시니 얼마나 행복한가? 올해는 주님의 목소리를 더 민감히 들을 수 있도록 맑은 마음, 밝은 귀를 지니자!

1998년 1월 18일 일

"항아리마다 모두 물을 가득히 부어라." (요한 2:7)

오늘이라는 저의 항아리에 기쁨을 가득 부어 이웃과 나누게 하소서. 평화를 가득 부어 아직 용서 안 된 이들을 용서할 수 있는 힘을 얻게 하소서. 온유와 겸손의 물을 가득 부어 뻣뻣하지 않게 하소서. 메마름을 없애고 늘 감탄과 경이로움을 향해 삶이 깨어 흐르게 하소서.

1998년 1월 25일 일

"예수께서는 성령의 능력을 가득히 받고 갈릴레아로 돌아가셨다." (루카 4:14)

며칠간 홀로 앓으면서 몸이 괴로우니 마음도 괴롭고 기도가 잘 되질 않습니다. 2000년 대 희년 준비……, 올해는 성령의 해. 성령의 사랑 안에 저도 다시 태어나고, 성장하고, 자유로울 수 있기를, 매일의 삶을 큰 기쁨으로 이끌어갈 수 있기를 기도하고 염원합니다. 제가 홀로 할 수 있는 일은 그리 많지 않음을 살아갈수록 깨닫습니다. 성령이여, 도우소서!

1998년 1월 27일 화

"바로 이 사람들이 내 어머니이며, 내 형제들이다." (마르코 3:34)

함께 사는 이들을 늘 새롭게 대하고 진심으로 사랑할 수 있는 은총을 구합니다. 예수님처럼 모든 이를 형제, 자매, 가족으로 대하고, 지나치는 손님 대하듯이 건성으로 대하지 않도록 마음을 덥혀 주소서. 당신의 사랑으로 넓혀 주소서.

1998년 1월 31일 토

"······고요하고 잠잠해져라!······" (마르코 4:39)

주님.

당신에게서 풍랑을 가라앉히시며 "고요하고 잠잠해져라." 이르셨는데, 감정 조절을 못해 종종 성난 파도가 이는 제 마음의 바다를 향해 저도 외치겠습니다.

"고요하고 잠잠해져라."

기도 시간에 온갖 분심으로 혼탁해진 제 마음의 바다를 향해서도 외치렵니다.

"고요하고 잠잠해져라."

쓸데없는 걱정이 해일로 덮쳐올 때도 기도하는 마음으로 타이르겠습니다.

"고요하고 잠잠해져라."

1998년 2월 1일 일

"······그들의 한가운데를 지나서······" (루카 4:30)

어려움의 한가운데를 지나 당신의 길을 꿋꿋이 가신 주님,

사람들의 수근거림에도 개의치 않고 의연히 길을 가신 주님, 마음의 중심을 잃지 않고 제 갈 길을 갈 수 있도록 도와주십시오. 지혜를 밝혀 주십시오. 다른 이의 평판에 좌우되지 않고 오직 신앙 안에서 중심을 잡을 수 있도록 도와주십시오.

1998년 2월 5일 목

"……속옷은 두 벌씩 껴입지 말라고……." (마르코 6:9)

최소한의 필요로 최대한의 만족과 기쁨을 지니는 무소유의 삶!
길을 가는 순례자의 마음으로 간소한 삶을!
'만약'을 위해 남겨 두는 여분의 물건은 수도자에게 합당치 않다. 자신이 갖지 않고 다른 이에게 선물하기 위한 목적으로라도 어떤 사소한 물건들을 오래 보관해 두지 않도록 하라.
'가난한 사람의 모습'에 대해 계속 묵상해볼 것.
가난하지만 행복한 마음의 수도자가 되려고 할 것!

1998년 2월 8일 일

"……깊은 데로 가서 그물을……." (루카 5:4)

사랑이신 주님,
일상의 삶 안에서 늘상 깊은 곳으로 갈 수 있도록 도와주십시오.
……
그저 습관적이고, 피상적인 얕은 삶을 살기보다 한 걸음 더 당신의 사랑이 넘쳐나는 은총의 호숫가로 다가갈 수 있도록 깨우쳐 주십시오. 참된 기쁨은 오직 당신과의 만남에서 비롯되는 것임을 다시 절감하게 됩니다.

1998년 2월 11일 수
정월 대보름날, 깨끗한 마음 지니려 노력하기!
환하고 둥근 보름달이 마음에도 걸렸습니다.
둥근달처럼 흠 없고, 둥글고, 부드럽게 유순한 말과 행동으로 이웃에게 다가가는 노력을 게을리하지 않도록 도와주십시오.
욕심과 이기심으로 일그러지지 않도록 도와주십시오.
선하게 살고 싶은 갈망을 심어 주신 당신께 찬미와 영광 드립니다!
날마다 새롭게 경탄하는 감각을 주신 것도 감사드립니다.

1998년 2월 15일 일
"너희는 행복하다." (루카 6:20)
오늘은 다시 바닷가에 나갔습니다.
……
어제보다 파도가 심했으나 많은 이들이 바다 구경을 나왔습니다. 바다 같은 마음으로 불러보는 주님, 오늘 아침 미사에서 영성체 때 눈물이 핑 돌았습니다. 그저 감사하고, 그저 기쁘고, 그저 은혜롭고, 그저 행복한 마음으로 찬미가 출렁이는 마음을 언어 대신 눈물로 표현하는 느낌이었습니다.

당신을 모르고, 당신 안에 살지 않았다면 저는 지금쯤 어떤 사람이 되어 있을까요?

1998년 2월 20일 금
촉촉이 봄비가 내리는 오늘, 천리향 꽃향기가 마음에까지 파고듭니다. 저도 당신 안에 천리향, 만리향이 되어 이웃에게 복음의 향기를 전하는 기쁨을 누리게 하소서.
사랑하는 그만큼, 감사하는 그만큼, 당신 안에 깊이 잠겨 맑고 단순해지려는 노력을 하는 그만큼 저의 향기도 비례하는 것일 테지요?

1998년 4월 19일 일
"나의 주님, 나의 하느님……." (요한 20:29)
저의 기도는 오늘도 "나의 주님, 나의 하느님"으로 시작됩니다.
살아갈수록 긴 말이 필요치 않음을 느낍니다.
기쁠 때에도, 슬플 때에도, 불안과 의심이 덮쳐와 당황할 때에도, 당신이 베푸신 은총에 감사에 가득 찬 노래를 부르고 싶을 때에도 그저 "나의 주님, 나의 하느님" 나직이 외우며 하늘을 보렵니다.

1998년 5월 21일 목
주님. 제가 그토록 원하는 영적 갈망을 참되게 구해야만 주시지요?
그냥 가만히 무기력하게 있으면 저절로 오는 것은 아니지요? ……

요즘은 메마른 것 같으면서도 새 발자국만 보아도, 해 아래 환히 핀 안개꽃과 밤에 불 켜진 우리 수녀님들의 방만 바라보아도 눈물이 나곤 합니다. 예민한 것을…… 좋게 이용하도록 도와주십시오.

1998년 5월 28일 목
언제나 기도한다고 말하고도 기도하지 못한 저의 게으름을 용서하소서. 일치하겠다고 말하고도 진정 함께 사는 이들과 하나 되기 위한 노력을 하지 않았음을 용서하소서. 저를 찾는 이들에게 좀 더 영적인 선물을 나누어 주지 못한 저의 무관심을 용서하소서.
저는 왜 이리 열정이 부족한지요!

1998년 5월 30일 토
사람들로부터 과분한 대접과 사랑의 표현을 받을 때마다 당신께 송구합니다. 사랑받는 것도 고달프다고 투덜대던 제 모습을 그윽한 눈길로 바라보시던 주님, 모든 사랑은 사랑의 근원이신 당신으로부터 나왔음을 믿고, 제가 받은 사랑을 당신께 감사하며, 이웃에게 돌려주는 겸손을 배우고 싶습니다.

1998년 6월 10일 수
공동체 안에서는 어쩔 수 없이 서로 본을 보이며 사는데…….
좋은 것이든, 나쁜 것이든 금방 눈에 띄고 마는 것이 서로에게 부담이 되기도 합니다. 나이 들수록 자신을 길들이며 깨어 살기가 왜 이리 힘이 드는지요? 자신은 수행을 게을리하면서 남에게만 완전한 것을 요구하는 위선자가 되지 않도록 저를 도와주십시오.

1998년 6월 12일 금
주님, 새로운 삶을 살겠다고 말로만 외치지 말고, 새로운 삶에 필요한 일을 인내로이 지속할 수 있는 단호한 용기를 주옵소서.
수없이 계획을 세우고 실천하지 않는 것보다는 계획표를 따로 만들지 않고서도 그날그날 당신 뜻을 헤아리며 충실하고 민감하게 응답하는 것이 더욱 중요하다고 여겨집니다.

1998년 7월 9일 목
함께 사는 이들에게 한결같은 마음으로 평화를 전하기가 어려울 때도 있습니다. 어떤 분의 못마땅한 점이 눈에 띌 때, 그것을 말로 표현하지 않고 접어두고 나서 마음에 일어나는 파도, 성난 파도를 가라앉히고 평화로워지기가 어려우니 어찌 남에게 평화를 전할 수 있겠습니까?

1998년 7월 16일 목
주님, 당신과 함께라면 저도 "내 멍에는 편하고 내 짐은 가볍다."(마태오 12:30)라고 말할 수 있을 테지요. 사랑과 겸손과 온유만이 모든 것을 더욱 가볍게 만든다는 것을 가르쳐 주시는 주님, 당신이 좋습니다!

1998년 8월 4일 화

"나다. 안심하여라, 겁낼 것 없다."(마태오 14:27)

오늘도 제게 말씀하여 주시렵니까.

거센 바람 불지 않아도 종종 앞으로 걸어 나갈 삶의 길이 두려울 때가 있습니다. 또 하루가 저물고 내일을 기다리는 지금, 새롭게 타고 가야 할 아침의 배에, 주님 저를 혼자 태우지 마소서.

1998년 8월 27일 목

때로는 준비성이 지나치다는 말을 듣게 되더라도 항상 준비하는 삶을 살고 싶습니다. 주인이 돌아오실 때 '네, 어서 오십시오.' 하고 깨어 맞이하는 충실한 종처럼, 자기를 잊고 주인에게 반갑게 달려 나갈 수 있는 종처럼 한결같은 성실함, 마음에서 우러나오는 기쁨으로 오늘 이 시간을 충만하게 살아가고 싶습니다.

……

도와주십시오.

1998년 8월 29일 금

즉흥적으로 헛된 약속을 하고 감당 못 하는 실수를 범하지 않도록 해야겠습니다. 약속은, 특히 말로 하는 약속은 가장 사려 깊고도 진중하게 할 것. 조그만 약속이라도 자기가 한 것에 대해서는 끝까지 책임을 지는 성실함을 지녀야겠습니다.

1998년 9월 13일 일

사소한 일로 성을 내고 나면 얼마나 부끄러운지!

찾던 물건이 제자리에 없을 때, 계획한 일이 뜻대로 안 되고 어긋났을 때, 내가 부탁한 일을 다른 이가 잘못 알아듣고 달리 처리했을 때 너그러이 대처하기가 쉽질 않습니다.

주님, 제겐 언제나 호흡처럼 당신의 자비가 필요합니다.

1998년 9월 17일 목

행여라도 편견을 갖고 사람들을 대하지 않도록, 무심결에라도 무시하는 말이나 몸짓으로 상처를 주지 않도록 깨어 있어야겠습니다.

누구라도 단죄하거나 함부로 비난하는 독선을 범하지 않기를 기도하는 저입니다.

저는 약해서 두려우니까요. 자주 실수하니까요.

1998년 9월 25일 금

……사람들로부터 약간의 비난, 멸시, 배척을 받을 때 큰일 난 것처럼 놀라지 않고 조용히 당신을 기억하며 인내할 수 있는 힘과 용기를 주옵소서.

오늘은 실직으로 괴로워하는 이들에게 점심밥을 나누어드리는 일을 하면서 내내 마음이 울적하였습니다. "밥을 많이 달라."고 외치는 이들의 눈빛에서 깊은 고독을 읽었습니다.

1998년 10월 5일 월

"자기를 위해서는 재산을 모으면서도 하느님께 인색한 사람……"(루카 12:21)

바로 나 자신의 모습이 아닐런지?

죽으면 두고 갈 것들을 위해 근심하고 집착하고, 분심하고, 욕심을 부리다가 어느 날 느닷없이 불려가야 할 인간인데…….

비워도 비워도 끝이 없다. 숨어 있는 욕심은……. 재물뿐 아니라 명예심도, 허영심도 다 욕심에 속한다. 적어도 하루에 한 번은 이 비유를 생각하며 욕심을 버리자. 깨어 있자!

1998년 10월 25일 일

"…… 저는 다른 사람들과는 달리……"(루카 18:11)

이런 류의 기도는 얼마나 위험한지!

교만한 의인보다 겸손한 죄인을 더 올바른 사람으로 여기신 예수님.

기도는 진정 겸손한 사람의 것임을 다시 일러주시는 말씀!

1998년 11월 7일 토

작은 일에 충실한 사람…….

평범하게!

충실하게!

겸손하게!

매일 새 아침을 맞을 때마다 요즘은 이렇게 되뇌어봅니다.

1998년 11월 10일 화

그 누구에게도, 그 무엇에도 너무 기대하지 말자!

그 어떤 것이, 그 누구가 나를 향해 있기를 기대하기보다는 내가 그들을 향해 사랑의 의무를 실천하는 너그러움을 지녀야 나는 나로서 설 수 있고 행복할 수 있는 것.

수고를 많이 하고도 "……그저 해야 할 일을 했을 따름입니다.……" (루카 17:10)라고 겸손히 고백할 수 있는 종의 모습을 늘 기억하자!

1998년 11월 16일 월

"저에게 자비를 베풀어 주십시오./ 주님, 볼 수 있게 해주십시오." (루카 18:38/ 18:41)
주님.
소경의 그 기도는 바로 오늘 이 시간 저의 기도입니다.
언제, 어디에서나 자신만 생각하는 이기심에 빠져 있으면 볼 것이 제대로 보이지 않고, 들을 것이 제대로 들리지 않음을 얼마나 여러 번 체험하였는지요! 사랑해야만 잘 보입니다. 적어도 그렇게 노력해야만……!

1998년 11월 19일 목

주님……, 평화의 길이신 주님.
저도 당신을 닮은 평화의 길이 되게 하소서.
그 길로 사람들이 지날 수 있도록 먼저 괴로워하고 힘들어하는 어둠의 시간, 그 시련을 흔연히 견뎌 내게 하소서.

1998년 11월 22일 일
주님.
왕이시면서도 많은 고통을 당하신 주님.
가까운 이들로부터 모욕과 비난을 당하신 주님.
이젠 다시 버림받지 마십시오. 그러나 저는 버림받아도 좋습니다! 당신과 좀 더 가까워지기 위해서, 참사랑을 깨닫기 위해서……

1998년 12월 1일 화
진정 사랑하면 단순한 뜨거움이 생깁니다.
복잡한 것을 싫어합니다.
영적 갈망이 저절로 생겨날 수 있는 사랑의 단순함!
제가 구하는 것은 바로 이것입니다.

1998년 12월 3일 목
소리쳐 말하지 않더라도 행동으로 복음을 전하는 조용한 사도가 되게 하여 주소서. 만나는 이들에게 당신의 평화를, 당신의 기쁨을, 당신의 용서를 전할 수 있도록 오늘 하루도 제 마음을 당신 향한 그리움으로 채우겠습니다. 욕심을 버리고 순결하게 하겠습니다.

1998년 12월 7일 월
'원수'까지도 사랑으로 용서하라 하십니까?

"그것만은 못합니다."라고 힘들게 중얼거리지 않을 수 없는 나약한 저희에게? 아주 사소한 것까지도 마음에 품어 두고 용서하기 힘든 저희에게? 용서할 힘을 당신이 주셔야겠습니다. 조금씩, 조금씩…… 내게 잘못한 이들, 마음에 안 드는 이들을 용서해서 누리는 자유의 기쁨으로 당신을 찬미하고 싶습니다. 제가 잘못한 것을 용서받을 수 있는 용기와 지혜도 잃지 말게 하소서.

1998년 12월 9일 수
주님.
때로는 감당키 어렵다고 느껴지는 근심, 슬픔, 갈등을 지고 있더라도 당신이 계시기에 큰 위안이 됩니다. 사람들은 때로 얼마나 일관성 없고 변덕스러운지요! 저도 그 중의 하나일 테지만……. "쉬게 해주리라."(마태오 12:30) 초대하시는 당신 말씀이 눈물겹도록 고맙습니다.

1998년 12월 16일 수
언제나 기다릴 줄 아는 사람이 되게 하소서
쉽게쉽게 채널을 돌리는 텔레비전 리모컨처럼 누르기만 하면
원하는 음료수가 나오는 자동판매기처럼
서 있기만 해도 절로 열리는 자동문처럼
즉시즉시 이루어지는 인스턴트식에 익숙해져서
느긋이 기다릴 줄 모르는 현대의 우리들입니다.

자신의 성장을

다른이의 성장을

기도해줄 줄 아는

기다림의 사람이 되게 하소서.

1998년 12월 20일 일

임마누엘

당신을 새롭게 사랑합니다.

임마누엘

당신을 새롭게 믿습니다.

임마누엘

당신을 새롭게 선택하고,

당신 안에 만남을 이룬 제 이웃들도

새롭게 선택합니다.

1998년 12월 23일 수

달이 차서 아이를 낳는 여인처럼 나도 매일 아름답게 아프단다.
무슨 말이냐구? 내 안에는 그분의 사랑이 가득하단다, 주체할 수 없는
사랑이. 난, 어떻게 낳아야 할지 모르겠지만……. 아마 죽어서도 표현
이 안 될지 모르는데……. 어쨌든 난 행복하단다! 사랑하면, 너무 사랑
하면 참을 수가 없는 것일 테지? 괴로워도 사랑하고 싶어.

1999년 1월 1일 금

주님.

오늘은 미사 중에 눈물 한 방울이 제 가슴속에서 진주가 되었습니다. 목자들의 말을 들은 이들이 "모두 그 일을 신기하게 생각한 것처럼"(루카 2:18) 저도 모든 것을 놀랍고, 새롭고, 신기한 것으로 여기니, 지난 세월도 새삼 놀랍고 새삼 고마웠습니다.

주님.

찬미받으소서!

새로움을 향해, 아니 제가 더욱 새로워지기 위해 저를 더욱 흔들어 주소서!

1999년 1월 2일 토

"……당신들이 알지 못하는 사람 한 분이 당신들 가운데 서 계십니다."(요한 1:26)

행복하고 아름다운 삶은 제대로 보고, 듣고, 발견하는 일일 것입니다. 저도 공동체 안에서 함께 사는 이들 안에 감추어진 보화를 제대로 발견하는 눈을 지니고 싶습니다. 그들 안에 역사하시는 주님의 좋으심을 찬미하고 싶습니다. 겸손하지 않으면 좋은 것을 발견할 수 없습니다. 주님을 찬미할 수도 없습니다.

1999년 1월 8일 금

남을 무시하고 자기의 옳음만 주장하는 독선적인 은거가 아니고, 늘 남을 자기보다 낮게 여기는 겸손하고 개방적인 은거를 할 수 있는 수도자가 되고 싶습니다. 따로 은둔처로 피신하지 않더라도 가끔은 혼자서 숨을 수 있는, 그래서 더욱 마음이 너그럽게 열려 있을 수 있는, 담백하고도 담대한 당신의 사랑받는 이가 되고 싶습니다.

1999년 1월 12일 화
늘 인간에게보다 하느님께 희망을 두는 사람일 수 있기를!
세속적인 것보다는 거룩한 것에 대한 끊임없는 갈망으로 깨어 있을 수 있기를! 한 모서리에 조금은 남겨 두는 용서가 아닌 전적인 용서를 할 수 있기를! 겉치레의 겸손이 아닌 진짜 겸손을 삶 안에서 익히고 실습할 수 있기를!

1999년 1월 17일 일
언제 어디서나 주님을 올바로 알아볼 수 있는 밝고 맑은 마음의 눈을 주소서. 욕심 없는 마음, 노여움 없는 마음, 미움 없는 마음으로 당신을 맞이하게 하소서! 요즘은 당신 앞에 더욱 '사랑'의 이유로 담백해지고 싶습니다. 겸허해지고 싶습니다. 한 마리 '순결한 어린양'이 되고 싶습니다!

1999년 1월 20일 수
수도생활에도 완고함은 금물입니다. 어떤 경우에도, 어떤 누구에게도 양보가 없고, 자기 뜻만 고집하고, 남에 대한 자비심이 없는 뻣뻣한 마음으로는 사람의 길을 갈 수 없습니다. 완고함이 사랑을 방해하는 죄임을 잊지 않게 하소서.

1999년 1월 22일 금
주님.
오늘도 새롭게 저를 불러 주십시오. 당신께서 '마음에 두셨던' 제자들을 부르신 것과 같이!
그리고 당신의 사랑을 기쁜 소식으로 전할 수 있는 도구가 되게 해주십시오. 제 안에서 당신을 향한 사랑이 나날이 자라게 해주십시오!

1999년 3월 8일 월
당신처럼 소신을 갖고 갈 길을 갈 수 있는 용기와 당당함, 확신을 주십시오! ……
매일매일 새롭게 길을 갈 수 있게 도와주십시오.
그날그날 살아간다는 것은 견디는 것, 견디며 길을 가는 것!

1999년 3월 17일 수
누구하고나 사랑의 관계를 맺기 위해서는 자신의 뜻을 포기해야 할 때가 많습니다. 수도공동체 안에 살면서도 내 뜻을 고집해 좋은 일은 별로 없었습니다.
오늘도 마음을 넓히고 사랑을 깊게 하는 새날 되게 하여 주십시오.

1999년 3월 22일 월
마음으로, 언어로, 행동으로 다른 이들에게 돌을 던지지 않기를!
다른 이를 함부로 비난하고 싶을 때마다 자신의 못난 점에 대해 먼저 반성하며 겸손할 수 있기를!

1999년 4월 4일 일
주님, 이 새벽 저는 당신을 만나러 왔습니다. 무덤이 비어 있음을 알고 제 가슴이 무너지던 순간, 당신을 어디에서 찾아야 될지 몰라서 당황하던 순간, 당신께서 사랑하시던 그 제자들에게 달려가는 동안 제 마음에 솟구치던 그 그리움을, 그 두려움을 당신께 봉헌합니다!

1999년 4월 6일 화
이름을 불러 주는 기쁨
사랑하는 이로부터 이름을 듣는 반가움!
서로를 불러 주는 이름 외엔 긴 말이 필요 없다.
그래요. 사랑은 서로의 이름을 불러 주는 것.
이름을 부르고 대답하는 그 사이의 '침묵'을 통해서 신뢰가 깊어 가는 것!

1999년 4월 18일 일
주님.
세상 떠나는 순간까지 늘 감동할 수 있는 뜨거운 마음을 지니고 싶습니다. 끊임없이 계속되는 사람들과의 만남 안에서 당신을 발견하고 그 사이에 사랑의 식탁이 차려질 수 있게 하소서.

1999년 4월 26일 월
사랑은 서로를 아는 것. 서로의 눈빛과 음성과 마음을 알아듣는 것……. 주님, 저도 제가 사귀는 이들의 마음을 잘 알아듣게 하소서.
주님의 집에 마음으로 머물지 못하고 '낯선 손님'으로 살지 않도록 깨어있게 하소서.

1999년 6월 17일 목
빈말을 되풀이하고, 말을 많이 하고, 이기적으로 고백하고…….
저는 아직도 기도할 줄 모릅니다.
그래서 '주님의 기도'에 의지할 때가 많습니다!

1999년 6월 19일 토
화살기도는 나의 기쁨
그야말로 one-shot
매일매일 up-grade가 필요하고
나만의 home-page를 예쁘게 꾸미는 것과 같지 않을까?
더욱 발전시켜야지!
짧지만 깊고, 맑고 그래서 행복한 기도를!

1999년 6월 26일 토

주님, 제게까지 몸과 마음의 아픔을 호소해 오는 이들이 의외로 많습니다. 편지로, 전화로, 방문으로…….

아프다, 아프다 외치는 이들…….

"나를 잊은 건 아니지요? 수녀님마저 저를 잊으면 저는 설 수가 없어요."라고 호소해 오는 이들에게 저는 "내가 가서 고쳐 주마." 할 수도 없고……. 조금이라도 힘이 될 수 있는 지혜를 가르쳐 주십시오!

1999년 7월 14일 수

사랑의 길에서 복잡한 것은 금물.

단순한 것, 순수한 것, 맑은 것, 천진한 것, 기쁜 것…….

의심이 없고, 궁리가 많지 않고, 전적으로 믿고 바라는 신뢰가 있는 것……. 그래야만 진정 사랑한다고 말할 수 있습니다!

1999년 7월 16일 금

주님.

요즘은 너무 부족하고 마음에 안 드는 저를 견디고 또 하루를 시작하는 것, 이것이 저의 봉헌 예물입니다. 우선 제 스스로가 자신과 화해를 해야 선행도 위선이 되지 않을 테지요.

자기 자신을 올바로 깊이 사랑하는 것도 정말 쉬운 일은 아닙니다.

늘, 연습이 필요합니다!

1999년 7월 17일 토
주님.
당신의 마음에 드는 작은 이가 되고 싶습니다. 그렇게 되도록 꾸준히 노력하며 깨어 있고 싶습니다. 먼 이웃에게, 함께 사는 가까운 이들에게 희망을 주는 사람이 되고 싶습니다.
희망은 인내의 열매지요?
견디는 것만이 승리임을 요즘은 더욱 믿습니다.
사는 것은 견디는 것입니다.

1999년 7월 20일 화
오늘도 함께 사는 이들을 먼저 사랑하는 기쁨으로 당신 앞에 옵니다.
어머니이신 교회를 사랑하는 기쁨으로, 아픔 많은 세상을 사랑하는 기쁨으로 또 하루를 시작합니다!
좀 더 보편적인 사랑, 큰마음의 사랑을 하도록 당신께서 제 안에 들어와 넓은 바다 되소서!

1999년 7월 26일 월
땅에 점같이 작은 꽃씨를 심어 보니 알겠습니다.
조그만 것, 힘없이 약해 보이는 것의 그 대단한 위력을 …….
작은 것이 작은 것이 아님을 …….
매일 매 순간을 '작은 일에 대한 충실'로 살게 하소서!

1999년 8월 2일 월

삶의 바다에서 크고 작은 풍랑에 시달릴 때마다 "나다, 안심하여라. 겁낼 것 없다." 말씀하시는 주님.
언제나 겁먹지 말고 의심을 품지 말고 당신을 따르게 하소서.
"오너라." 하실 때마다 지체 없이 따를 수 있는 믿음과 용기와 지혜를 주소서.

1999년 8월 3일 화

자신은 제대로 실천하지 않으면서도 남에겐 온갖 좋은 말을 해야 하는 입장은 얼마나 안 된 것입니까!
'눈먼 길잡이' 노릇을 저도 이미 많이 해왔고, 또 앞으로도 그리할 것을 생각하면 두렵습니다. 남들 앞에 나서는 것 자체가, 늘 '좋은 말'로 포장하는 것 자체가 차츰 더 부담스럽습니다.

1999년 8월 7일 토

"아, 이 세대가 왜 이다지도 믿으려 하지 않고 비뚤어졌을까?" (마태오 17:17)
오늘날에도 이렇게 탄식하실 주님, 어찌하면 우리가 바로 설 수 있을까요? 윤리 도덕이 무너지고, 선과 악이 뒤바뀌고, 위아래가 없어지고, 정직함이 사라지고, 온통 혼란과 무질서가 가득한 시대에서 정녕 우리가 빛이 될 수 있겠습니까?
선이 승리할 수 있겠습니까?

1999년 8월 8일 일
주님.
오늘 하루도 믿음의 깊은 바다 위를 걸어오라 저를 불러 주소서!
사랑의 바다 위를 걸어오라, 희망의 바다 위를 걸어오라
저를 불러 주소서.
당신이 계시기에 의심은 없습니다.
당신이 계시기에 두려움도 없습니다.

1999년 8월 12일 목
"……아빠는 가족들에게 잘못한 일이 많고, 모두 상처를 받았지만 그래도 용서해 드리고, 기도해야 한다고 생각해요. 우리 아빠니까요……."
10대 소녀의 이런 말을 듣고, 배울 점이 많았습니다.
어느 땐, 일상생활 안에서 아주 작은 것을 용서 못하고 품어 두는 옹졸한 제 모습을 봅니다. 용서는 사랑의 시작임을 다시 알아듣고, 다시 실천하게 하소서.

1999년 8월 14일 토
낯선 아이들끼리도 금방 친해지는 아이들의 모습을 보면서 배우는 게 많습니다. 어린이의 단순함, 투명함, 명랑함, 신뢰, 소화 데레사가 실천한 영적 어린이의 길을 나도 이젠 더욱 본받을 수 있기를!
그래서 좀 더 기쁘고, 행복할 수 있기를 기도합니다!

1999년 8월 15일 일

살아 있는 모든 날에 주님을 생각하는 기쁨의 설레임이 지속되게 하소서. 늘 콩콩콩 큰 소리로 가슴이 뛰진 않더라도 일상의 삶 전체에 흐르는 잔잔한 기쁨으로 저의 삶도 그대로 송가(Magnificat)이게 하소서!

1999년 8월 22일 일

주님, 당신은 저의 생명이십니다!
그래서 지금껏 살아왔습니다.

주님, 당신은 저의 사랑이십니다!
그래서 지금껏 사랑할 수 있었습니다.

주님, 당신은 저의 길이십니다!
그래서 지금껏 걸어올 수 있었습니다.

1999년 10월 28일 목

날마다 새롭게 제 이름을 불러 주십시오!
저도 새로운 마음으로 당신께 대답하겠습니다.
세상에 사는 동안 끊임없이 제 이름을 불러 주십시오.
이름 부름이 필요 없는 그날 그 마지막 순간까지
제 이름을 불러 주십시오!

1999년 11월 1일 월

주님 덕분에 저는 행복합니다.

공동체 덕분에 저는 행복합니다. 함께 사는 이들 덕분에 저는 행복합니다. 늘 기도와 충고와 격려로서 관심 가져 주는 가족, 친지, 이웃 덕분에 저는 행복합니다. 아름다운 자연, 읽어야 할 좋은 책 덕분에 오늘도 행복합니다.

행복할 이유가 참 많습니다!

1999년 11월 2일 화

"저희는 성실하게 살지만 기뻐할 줄은 모르는 것 같아요."
어느 독자분이 전화로 말했습니다. 남편에게도 속히 신앙의 기쁨을 선물하고 싶지만 뜻대로 되질 않는다고…….

매일매일 새롭게 기뻐할 수 있는 겸손과 용기를 주소서.
기쁨은 자신을 비우는 겸손한 마음에 피어나는 꽃이요, 열매입니다.

1999년 11월 3일 수

어떤 일에서든지 "내가 무엇을 가질까?" 먼저 궁리하고 탐색하기보다는 "무엇을 줄까? 나에게서 무엇을 내줄까?" 궁리하며 선선히 가진 것을 내놓는 자유로움을 매일 새롭게 체험하고 싶습니다. ……물질이든, 재능이든, 시간이든 늘 선물을 준비하는 마음으로! 그러면서도 자만심에 빠지지 않는 겸손함과 온유함으로……!

1999년 11월 4일 목
한 마리의 잃은 양을 소중히 여기시고 찾아 나서시는 주님.
당신의 그 사랑 깊은 자비심을 닮게 하여 주소서.
저의 매일이 잃어버린 것들을 찾아 깨어 있는, 찾기를 멈추지 않는 순례, 찾은 것을 깊이 감사하고 기뻐하는 순례의 시간들이 되게 하소서.

1999년 12월 2일 목
주님.
저는 오늘도 당신의 땅에 뿌리를 내리는 나무가 되렵니다.
지나가는 모든 것은 다 모래입니다! 결코 모래밭에 뿌리를 내리지는 않을 것입니다. 이젠 제가 당신 이름을 끊임없이 부르는 것만으로도 슬기로워진다는 것을 조금은 알고 있답니다.

1999년 12월 31일 목
은총과 진리가 충만한 당신으로부터 넘치는 은총과 진리를 받았으나 받은 그만큼의 증거자가 되지 못하였음이 매우 부끄럽습니다.
주님,
올 한 해도 큰 사랑으로 채워 주시고
넓은 자비로 용서해 주시고
깊은 이해로 기다려 주셨음에
진심으로 감사드립니다!

제6장
그리움은 꽃이 되어
추모일기

그러나 아직은 눈물 없이 당신을 기억할 수가 없네요.
사랑과 사랑을 이어 주는 평화의 화음으로, 천상의 음악으로 다시 살아오소서……

눈물의 힘

내가 세상과
영원히 작별하는 꿈을 꾸고
울다가 잠이 깬 아침

눈은 퉁퉁 붓고
몸은 무거운데
눈물이 씻어 준
마음과 영혼은
맑고 평화롭고
가볍기만 하네

창 밖에서 지저귀던
새들이 나에게
노래로 노래로
말을 거는 아침

미리 생각하는 이별은
오늘의 길을
더 열심히 가게 한다고
눈물은 약하지 않은 힘으로
나를 키운다고
힘이 있다고

피천득 선생님 서재에서

5월의 러브레터가 되어 떠나신 피천득 선생님께

    30년 전 제가 시인 홍윤숙 선생님과 같이 라일락 향기 가득한 망원동 댁을 방문했을 적에 저는 서른을 갓 넘긴 수녀였고 선생님은 60대 중반을 넘긴 학자이셨습니다. 그런데 선생님은 늘 "해인 수녀가 우리 집에 처음 왔을 적엔 22살쯤이었지······." 하고 십여 년을 줄여서 말씀하셔서 아무리 정정을 해드려도 늘 그대로였습니다.

    올해는 제가 마음먹고 수녀원에서 만든 꽃카드와 멋진 그림엽서를 곁들인 생일카드를 큼직한 분홍 봉투에 넣어 "아유 곱다! 어디서 이런 걸 구했지?" 하고 감탄하실 그 모습까지 미리 상상하며 즐거워했는데, 받지도 못하시고 저세상으로 떠나시어 슬픕니다.

    《금아연가》의 시편들처럼 이제는 존재 자체로 '러브레터'가 되신 선생님! 밝고 맑고 순결한 5월에 태어나 5월에 떠나시어 마침내 5월이 되신 선생님! '산호'와 '진주'로 상징되는 글로, 장미향 가득한 삶 자체로 아름다운 러브레터가 되신 우리 선생님! 우리 곁을 영원히 떠나셨지만 오늘도 우리와 가까이 계시는 선생님!

    텔레비전에서, 라디오 방송에서, 신문에서 '피천득 추모 특집'을 다루는데 생전의 선생님 모습을 생생히 보여 주니 그리움에 목메어 눈물이 났습니다. 꿈길에서도 선생님을 뵙고 그 음성을 환청으로 들었습니다. 한동안 잠이 오질 않고 몸과 마음도 아파와 일이 손에 잡히질 않았습니다.

어쩌다 전화를 걸 적마다 "네에!" 하고 길게 빼는 그 길고 따스한 여운의 목소리를 다시는 들을 수 없어 너무 슬프고 허전합니다. "네에!" 하는 선생님의 그 표현은 우리의 삶 자체가 하나의 긍정이고 감탄사임을 보여 주는 듯했습니다.

좋은 글귀 한 줄, 나뭇잎 한 장, 조가비 하나도 선생님과 함께 나누면 반짝이는 예술이 되었습니다. 삶이 기뻤고 사람들이 예뻤습니다. 함께 듣던 음악, 함께 보던 그림, 함께 마시던 홍차도 문득 그립습니다. 책에 서명해 주신 글씨들도 눈물을 흘립니다…….

다시 읽어 보는 선생님의 전집 《인연》, 《생명》, 《셰익스피어 소네트 시》, 《내가 사랑한 시》는 '함축과 간결의 언어 마술사', '무욕의 수필가'라는 별칭이 얼마나 잘 어울리는지를 다시 한 번 실감하게 해줍니다.

선생님의 사랑스런 책 《인연》은 떠나시자마자 베스트셀러 명단에 다시 올랐다고 합니다. 글은 미문(美文)이고 삶은 명품(名品)이셨던 선생님, "한여름 색깔 끈끈한 그런 사랑 있다지만/ 드높은 가을하늘 수채화 같은 사이 그런 사랑 있느니"라고 〈이런 사이〉에서 읊으신 것처럼 진정 수채화 같은 사랑 꿈꾸시다가 한 폭의 수채화로 떠나셨지요. 많은 사람들을 좋아하고 사랑하셨으나 그 사랑에 끈끈하게 애착하지 않고 가을하늘처럼 서늘하게 거리를 두셨기에 더욱 애틋한 사랑의 주인공이 되셨지요.

저는 선생님과 함께 행복했던 추억의 길목에서 몇 가지 장면을 떠올려 본답니다. 저의 부탁으로 선생님께서 정성을 다해 영어로 아름답게 옮겨 주신 〈해바라기 연가〉라는 시에서 선생님의 빼어난 영역을 봅니다.

오래전 제가 선생님 댁을 방문하고 떠날 때가 되면 손수 택시를 태워 집까지 바래다주시던 선생님의 뒷모습에서 선생님의 애정과 섬세한 배려를 봅니다. 제가 교류하는 사형수들의 편지를 들고 가 읽어 드리면 "거 참! 문인들의 글보다도 훨씬 간절하고 펄펄 살아 있는 글이네!" 감탄을 하시며 부끄럽다 하셨습니다.

제가 내는 산문집 제목도 《사랑할 땐 별이 되고》라고 붙여 주시며 특별히 서문도 써 주셨습니다. 어둡고 칙칙한 이야긴 다른 데서 읽어도 되니 부디 맑고 밝고 따뜻하고 순결한 글 더 많이 써야 한다고 만날 적마다 제게 되풀이하여 당부하셨습니다.

1994년 12월, 제가 인도에서 마더 데레사를 만나고 라빈드라나드 타고르의 생가를 다녀온 것을 누구보다 기뻐해 주셨습니다. 타고르의 〈기탄잘리〉 중 "저의 마음이 나날의 사소한 일들을 초월할 힘을 주시옵소서." 하는 구절을 유난히 좋아하셔서 자주 읊으셨습니다.

따님 서영이가 낭송하고 자리가 남은 테이프에 저의 목소리로 수필이나 시 낭송을 하라고 주문하셔서 그렇게 하고 나면 "참 좋다. 우리 수녀님도 언젠가 큰 상을 받으셔야 할 텐데……!"라고 말씀하시어 저를 당황하게 만들기도 하셨습니다.

제가 해외 출장을 가며 공항에서 전화드리면 "아유, 어쩌나? 내가 배웅을 갔어야 하는데……." 하시어 저를 기쁘게 하셨습니다. "부산이 너무 머니 이제는 좀 서울에 와서 살지 그래요?" 하시던 선생님께 일을 핑

계로 좀 더 자주 찾아뵙지 못했음이 아쉽습니다.

 2005년 9월 인사동에서 뵙고 난 후 "다음에 서울 오면 꼭 들를게요." 하고 그 약속 지키지 못했음을 용서하십시오. 그것이 마지막 만남이 될 줄 몰랐습니다. 그날 점심식사에 저는 유머가 많은 김정식이란 가수 한 명과 동석했는데, 그가 도중에 먼저 자리를 뜨고 나니 "너무 재미있는데 그 친구 왜 먼저 갔지?" 하고 하도 많이 아쉬워하시기에 꼭 댁에 가서 즐겁게 해드리겠다고 약속했던 것이었는데…….

 가끔은 제게 전화하셔서 독일의 간호사 김효정의 안부도 전해 주시고, 저랑 같이 찾아뵙곤 하던 화가 이승희의 전시회 소식도 알려 주곤 하시던 선생님께 본의 아니게 너무나도 무심했음을 용서하십시오.

 어려서부터 장난감 가게 주인을 부러워하여 장난감 가게 주인이 되고 싶으셨다던 선생님. "언젠가 내가 묻힐 때가 오면 내 책상서랍 속에 있는 마블(구슬)을 넣어 주었으면 한다."고 〈장난감 가게〉라는 수필에서 쓰셨지요. 이제 우리에겐 선생님의 글들이 아름다운 구슬이고 보물입니다. 그 보물들을 만지작거리며 우리는 더 착해지려고 합니다. 더 아름다워지려고 합니다. 불의와 타협 말고 깨끗하게 살라시던 그 말씀, 잊지 않고 살겠습니다.

 글은 감칠맛 나는 미문이고, 삶은 절제의 미학을 살린 명품이셨던 프란치스꼬 피천득 선생님, 고맙습니다.

 이제 우리가 선생님의 이름을 부르는 것만으로도 기도가 될 수 있기를 바랍니다. 선생님의 책들을 읽는 것만으로도 우리의 삶이 사랑으로 빛나고 풍요로워지리라 믿습니다. 우리의 삶이 한 편의 시가 되고 수필이 될 수 있음을 감사드립니다. 다른 이들 덕분에 '반사적 광영'을 누리고 사는 겸허함을 배우면서 무명의 '플루트 플레이어'가 되어도 좋은 단순한 지혜와 멋진 용기를 배우면서 날마다 조금씩 선생님을 닮아가려고 고요히 다짐해 보는 것, 이것이 선생님께 우리가 드리는 마음의 작은 선물이 되기를 기도합니다.

선하고 진실하고 아름다운 것들을 보면 저절로 선생님 생각이 날 것입니다. 두고두고 선생님이 그리울 것입니다. 몸으로는 우리 곁을 떠나셨지만 혼으로는 늘 함께 계셔 주십시오. 푸르른 5월이 되어 주시고, 사랑 가득한 러브레터가 되어 주십시오.

우리의 슬픈 눈물도 고운 꽃물이 되게 하시는 선생님께 깊은 존경과 사랑과 감사를 드립니다. 글로써, 삶으로써 아름다운 길을 내 주시고 우리를 행복하게 해주신 선생님께 행복한 미소로 작별인사를 드리며 선생님이 남기신 시 〈만남〉을 읊어 봅니다.

그림엽서 모으며 살아왔느니
쇼팽 들으며 살아왔느니
겨울 기다리며 책 읽으며
고독을 길들이며 살아온 나
너를 만났다 아, 너를 만났다

2007. 5. 29.

김수환 추기경

그리운 사랑의 바보 김수환 추기경님께

해마다 입춘이면 꽃망울을 터뜨렸던 매화가 아직 꼼짝도 안 하는 걸 보면 이번 겨울이 얼마나 추웠는지 알겠다. 만나면 추기경님에 대한 이야기도 자주 나누던 박완서 선생님의 갑작스런 별세에 내 마음은 더욱 추웠던 것 같다. 설 연휴에는 이태석 신부님을 주인공으로 한 추모영화〈울지마, 톤즈〉를 반복해 보면서 가슴이 미어지는 슬픔에 눈물이 멈추지 않았다.

"꼭 시성식을 하지 않더라도 바로 김수환 추기경님이나 이태석 신부님처럼 살다 가신 분을 이 시대의 성인이라 부르는 것 아니겠어요? 누가 시키지도 않았는데 사람들이 갈수록 더 그리워하며 닮고 싶어 하는 그런 분들 말이에요." 오늘 아침 객실에서 함께 식사한 독일인 토마스 팀테 신부님의 말을 듣고 나도 고개를 끄덕였다.

받은 사랑은 과분했다 하시고 베푼 사랑은 늘 부족했다고 고백하신 분, 썩 훌륭하진 않아도 조금 괜찮은 구석이 있는 성직자로 기억되길 바란다고 하신 김수환 추기경님, 그분의 무엇이 사람들의 마음을 그토록 움직이게 한 걸까. 선종하신 이후에도 끊임없이 용인의 묘소를 성지순례하듯 가고 싶게 만드는 것일까.

그것은 아마도 욕심 없는 사랑의 나눔과 겸손으로 일관된 삶이 남긴 감동과 향기의 여운 때문이 아닐까 한다. 생전에 선물로 주신 묵주에서, 떠나시고 나서 기념으로 만들어 나누어 가진 사진엽서나 스티커에서 아직도 그분이 환히 웃고 계신다. 2007년에 직접 그리신 자화상 밑에 "바보야!"라고 적은 글씨에도 새삼 눈길이 간다. "추기경님, 제가 바보라는 두 글자로 2행시 지어볼게요. '바라보면 볼수록 보물이 되는 사람'입니다." 하니 나를 향해 빙그레 웃어 주시는 것만 같다.

김수환 추기경님은 '자기 자신을 열심히 갈고 닦아 다른 사람을 편안하게 하는 수기안인(修己安人)'의 덕목을 누구보다 잘 보여 주신 분이라는 생각이 든다. 스스로 사랑의 바보가 되기를 원하고 실천했던 그분처럼 우리도 사랑의 바보가 되면 좋겠다. 사랑의 바보가 기본적으로 지녀야 할 덕목은 무엇일까. 그 누구도 내치거나 차별하지 않고 골고루 배려하고 마음 써 주는 보편적인 사랑, 손해 볼 준비까지 되어 있는 너그러움일 것이다. 약자를 먼저 배려하는 행동을 언제 어디서나 서슴없이 할 수 있었던 그 따뜻한 용기를 본받고 싶다.

내가 추기경님을 처음 뵌 것은 1965년 부산 분도병원 약국에서 꼬마 예비수녀로 있을 때였다. 특별히 아끼시던 약국장 김지상 수녀님을 만나러 오셨는데, 그 무렵 추기경님은 가톨릭신문사 사장으로 재직하고 계셨다. 검은 구두를 벗어 들고 저벅저벅 걸어 들어오시던 그 모습이 아직도 눈에 선하다. 지난해 명동성당에서 유난히 크게 보였던 그 구두를 보며 문득 옛 생각이 났다. 1949년 7월 11일 지금은 대부분 고인이 된 우리 수녀원 초창기 수녀님들을 부산까지 안내하던 신학생이 바로 추기경님이었다는 기록을 보니 새삼 반가웠다. 이런저런 특별한 인연에서인지 먼 길에도 우리 집 큰 행사에는 꼭 참석하셨던 추기경님이셨다.

추기경님을 종종 사석에서, 공석에서 뵐 수 있긴 했지만, 2008년 서울 성모병원에서는 좀 더 인간적으로 가까이 뵐 수 있는 기쁨을 누렸다. 문병을 가고 싶어도 그분을 귀찮게 해드리지 않기 위해 일부러 피해 다니며 자제하고 있었는데, 어느 날 내가 같은 병원에 입원해 있다는 소식을 들은 추기경님이 오히려 먼저 만나고 싶다는 전갈을 보내오셨다. 당시에 나는 평생을 기도하고자 수도원에 온, 말하자면 봉헌자임에도 불구하고 너무 몸이 아플 때는 사람들이 문병 와서 계속 기도만 해주는 것에도 거부감이 생겼다. 물론 수도자로서 십자가를 짊어진 예수님의 고통을 그 어느 때보다 잘 이해할 수 있는 기회임은 분명했지만, 열이면 열 명이 모두 그렇게 말할 때는 야속한 생각마저 들었다. 인간적인 위로를 먼저 해주고 그다음에 기도하라고 해도 늦지 않을 텐데 말이다.

그때 내게 누구보다 인간적인 위로를 건네셨던 분이 바로 옆방에 입원해 계시던 김수환 추기경님이었다. 병실로 불러 주셔서 내가 영광스런 마음으로 그분의 방에 갔을 때, 추기경님이 나한테 물으셨다.

"수녀도 그럼 항암이라는 걸 하나?"

그래서 내가 "항암만 합니까, 방사선도 하는데." 하고 대답했더니 추기경님은 무언가 가만히 생각하시는 듯했다. 나는 추기경님이 주님을 위해서 고통을 참아라, 그런 말씀을 하실 줄 알았다. 그런데 대단한 고위 성직자이고 덕이 깊은 그분의 입에서 나온 말씀은 주님이라든가 신앙, 거룩함, 기도 같은 것이 아니었다. 추기경님은 연민의 정 가득한 눈빛으로 이렇게 딱 한마디 하셨다.

"그래? 대단하다, 수녀."

그 한마디, 인간적인 위로를 듣는 순간 눈물이 핑 돌았다. 그때 '나도 저런 사람이 되고 싶다'는 소망을 가졌다. 추기경님의 그 한마디 속에 모든 종교적인 의미와 가르침이 담겨 있었다. 덕이 깊은 사람일수록 그처럼 인간적인 말을 하는 것임을 그날 깨달았다. 그 이후로 나는 힘든 치료를 하는 이들에게 종종 "대단하세요, 정말!" 하며 추기경님의 그 표현을 흉내 내어 보기도 한다.

그 뒤로 나는 추기경님과 미사에도 참여하고 간식도 같이 먹는 영광을 누렸다. 늘 즐겁게 해드리고 싶어 왈가닥처럼 행동하는 나를 보며 빙그레 웃어 주시던 모습도 그립다. 병실에 어쩌다 잘 모르는 이가 있으면 누구냐고, 어디서 왔느냐고, 못 알아봐 미안하다며 자신이 불편한 중에도 다른 사람에 대한 관심과 배려를 잊지 않으시는 모습에서 나는 예수님을 만났다. 성인의 덕목은 친절함, 한결같음, 남을 편하게 해주는 자연스러움이라는 것도 배울 수 있었다.

명동성당 앞 좌판대에서 묵주를 파는 아줌마에게 일부러 다가가 수고한다며 묵주를 구입하셨던 그분의 모습은 생각만 해도 소박하고 정겹다. 추기경님처럼 우리도 누구에게나 자연스럽고 편안하게 다가가는 분위기를 지닌다면 얼마나 좋을까. 신앙과 종교를 이야기할 적에도 너무 경직되고 배타적이거나 엄숙한 표정을 짓기보다는 일상의 따뜻한 유머로 대화를 시작할 수 있는 여유 있는 사람이 되면 좋겠다.

내가 아는 어느 목사님은 종교가 다름에도 불구하고 추기경님을 만나면 대화 자체가 소탈하고 편안해서 그 만남을 부담 없이 즐기게 되더라고 했다. 추기경님처럼 우리도 자신을 낮출 줄 아는 겸손함, 단순함, 솔직함을 지니면 좋겠다.

누가 당신을 강도 높게 비난하는 목소리를 높여도 날카롭게 대응하기보다는 오히려 '내게 필요하고 고마운 일'이라고 고백했던 분이시다. 예전에 우리 수녀원을 방문하신 어느 날 "혼자서 기차를 타고 오는데 말이지. 늘 수행비서가 챙겨 주다 보니 선반에 가방 올리는 단순한 행동조차 빨리 못하는 자신의 모습을 보며 많이 반성했어요. 사람의 습관은 참 무서운 것이더군요." 하신 말씀도 떠오른다. 생전에 나라와 교회를 걱정하시며 수많은 불면의 밤을 보내셨던 어른께서 지금의 이 세상을 보시면 무어라고 하실까. 문득 자비와 지혜 가득한 그분의 음성을 다시 듣고 싶다.

"내일을 향해 바라보는 것만이 희망의 전부는 아닙니다. 내일을 위해서 오늘 씨앗을 뿌리는 것이야말로 진정한 의미에서의 희망입니다."

추기경님의 어록을 묵상해 보는 오늘, 평소에 좋아하시던 〈등대지기〉 노래를 부르며 어리석은 사랑의 바보 그러나 실은 대단한 현인이셨던 그분의 자애롭고 푸근한 미소를 그리워한다.

2011. 2. 16.

수녀원 산책길에서 김점선과 함께(2005)

하늘나라에서도 꼭 한 반 하자고?

김점선 화가 1주기에 부치는 편지

3월엔 봄꽃이 피어나기 시작합니다. 그대가 잘 그리던 꽃들의 웃는 얼굴이 곱게 밝게 살아오는 3월. 지금은 어디서 무얼 하고 있나요? 보고 싶은 가족 친지들을 세상에 두고 많이 그립지 아니한가요? 그리고 싶은 그림도 많고, 쓰고 싶은 글도 많고, 하고 싶은 이야기도 많을 텐데요……

하필이면 내가 좋아하는 3월에 세상을 떠나 나를 더 슬프게 한 점선. 언젠가는 해인의 시와 점선의 그림을 곁들인 책을 내고 싶다 했는데, 이제는 그 꿈을 이룰 수가 없네요.

점선의 그림과 엽서들이 많아 자그만 화랑 같기도 한 해인글방엔 여기저기 그대의 흔적이 남아 있네요. KBS 문화지대 〈김점선이 만난 사람들〉을 진행할 적에 오로지 김점선 때문에 출연하는 거라고 하니 화들짝 놀라며 기뻐하던 모습이 잊히지 않습니다. 우리 수녀원을 방문했을 적에 살아온 이야기를 털실뭉치 풀어내듯 길게 따뜻하게 이야기하며 웃던 모습도 눈에 선합니다.

2004년 7월 26일에는 어느 책에다가 노란 민들레 그림과 함께 이렇게 적었네요. "인격 장애 김점선을 교화 노력 중인 이해인 닭띠 언니에게 개띠 김점선."

2006년 3월 30일에는 《바보들은 이렇게 말한다》 신간 앞에 이렇게 적었어요. "착하고도 착한 닭띠 언니, 이해인! 안 착한 개띠 동생 김점선이 김승희, 장영희와 밥을 먹으면서 드림(책이 나온 지 몇 달이 지나도록 꾸물거린 것은 안 착하다는 증거!)."

또 어느 날의 방명록에는 "근래 가장 기뻤던 일 : 장영희 마리아 옆에 앉아서 그리고 쓰다. 강요에 의해서 2004. 7. 26 프로방스에서."라고 적혀 있어 웃음을 자아내게 하네요.

내가 입원하여 힘들게 지낼 때 병원 벽에는 늘 점선의 그림들을 걸어두며 마음을 밝게 지니려 애썼습니다. 점선의 그림들이 오늘도 나에게 말을 걸어옵니다. 살아 있는 동안 기쁘게 지내라고, 시간을 낭비하지 말고 충만하게 살라고…….

함께 찍은 사진 속에서 그대는 또 말을 걸어오네요. "착한 언니, 우리 언제 같이 놀까요. 언제 같이 밥 먹을까요. 히히." 하면서 말입니다.

내 치맛자락 꼭 붙들고 천당 가겠다더니 그렇게 먼저 가면 어떡해요. 하늘나라에서도 꼭 한 반 하자 했으니 내가 도착할 그때까지 부디 잘 지내길 바랍니다. 우리의 기도 속에서 고운 그림을 그리는 별이 되세요. 지상에 남아 있는 우리를 위하여 하느님의 자비를 전구하여 주시길 부탁할게요.

그대가 그려두고 간 붓꽃과 백합과 맨드라미꽃, 말과 오리와 춤추는 새들을 바라보면서 안녕. 안녕히!

2010. 3. 22.

김점선 作 천사가 의자 위에 둥둥 49×39cm

한글 서예전에서 장영희와 함께(2005)

우리에게 봄이 된 영희에게

장영희 1주기를 맞아

봄꽃들이 환히 웃는 꽃밭에 서면
그대의 책 읽는 낭랑한 목소리가
꽃잎 속에 들려오고
갈매기 춤추는 바닷가에 가면
그대의 밝은 웃음소리
수평선 너머 노래로 들려오네요.

이별의 슬픔보다
오래가는 그리움은
기도로 이어지는 사랑이 되어
우리가 늘 함께 있음을 알게 해주니
강물로 흐르는 시간 속에
새삼 고맙고 기쁩니다.
성모님을 기리는 아름다운 5월에
마리아! 하고 나직이
그대의 세례명을 불러봅니다.

순간마다 최선의 성실을 다하는
선하고 열정적인 삶으로
재밌고도 유익한 감동적인 글로
그대는 우리에게
따뜻하고도 겸손한
희망의 봄이 되었습니다.
그대와 영 이별한 슬픈 5월이
눈물로만 얼룩지지 않기 위하여
우리도 영희를 닮은 봄이 되려 합니다.
많이 보고 싶을 땐
푸른 하늘을 올려다볼게요.
우리에게 선물로 남기고 간 책들을
다시 찾아 읽을게요.

그대를 향한 그리움 모아
이웃사랑 넓히는 길을 만들고
감사의 꽃밭을 만드는 사람들이 될게요.
일상의 밭에 묻힌 진실의 보석을 찾아
열심히 갈고 닦는 기쁨의 사람들이 될게요.

'내 무덤가에 서서 울지 마세요
나는 거기 없고 잠들지 않았습니다
나는 이리저리 부는 바람이며
무르익은 곡식을 비추는 햇빛이며
밤에 부드럽게 빛나는 별입니다'

그대가 번역한
〈아메리칸 인디언의 기도〉에서처럼
바람으로 햇빛으로 별로
지상의 우리에게 자주 놀러 오세요.
웃음 속의 작은 위로 건네주세요.
언제나 사랑합니다. 안녕!

2010. 5. 9.

명동성당에서 김형모 선생님 가족과 함께(1988)

사랑으로 녹아 버린 눈사람처럼

김형모 선생님께

봄이 오는 길목에서 봄과 같은 마음으로 불러보는 김형모 선생님, 지난해 12월 중순 어느 날 무심코 신문을 펼쳐들다 "《십대들의 쪽지》 발행인 김형모 씨 별세"라는 제목의 기사를 읽고 충격을 받아 한동안 멍하게 앉아 있던 기억이 새롭습니다.

"남을 위한 봉사도 좋지만 자신의 몸도 좀 돌보시지 않구요.", "그렇게 빨리 떠나 버리시면 남아 있는 가족들은 어찌하나요. 선생님의 도움을 필요로 하는 청소년들은 어찌하라구요." 탄식하며 원망이 절로 나오기도 했습니다.

당장 빈소로 달려가고 싶었지만 저 역시 병중에 있기에 마음으로만 기도하며 안타까웠는데 마침 아이들 엄마 이름으로 원고청탁서가 왔기에 이렇게라도 편지를 쓰면 위안이 될 것 같아 몇 자 적어 올립니다. 이젠 쪽지도 없어지면 어쩌나 걱정하다 선생님의 뜻을 이어 계속 발행된다니 어찌나 고맙고 반갑던지요.

제가 명동에 근무할 때 갓 태어난 딸을 안고 강금주 씨와 제게 왔던 일, 한참 후에 두 아이를 데리고 부산 광안리로 저를 찾아왔던 일, 우리 수녀원 수련소에서 열띤 강의를 했던 일 등이 잊히지 않습니다.

그러고 보니 올해는 선생님이 쪽지 일을 시작하신 지 25주년이 되는 해이군요. 선생님이 마지막으로 글을 실은 237번째 쪽지(2008. 12.)를 다시 보니 하얀 눈사람이 그려진 표지가 새롭게 다가옵니다. 수십 년을 밤낮으로 동서남북 뛰어다니며 오직 십대들을 위하여 헌신하다 세상을 떠나신 선생님의 그 모습이 바로 사랑으로 녹아 버린 눈사람처럼 여겨집니다.

하늘나라의 눈사람 아저씨로, 지혜를 밝혀 주는 보호천사로 이 땅의 청소년들을 지켜 주시기 바랍니다. 이제 그 누구도 선생님의 몫을 선생님처럼 대신할 순 없겠지만 그 정신만은 사랑의 노력으로 꾸준히 이어질 것임을 믿습니다.

우리도 당신처럼 삶을 긍정하고 희망을 잃지 않는 사람, 맡은 일에는 확신과 열정을 지니고 최선을 다하는 사람, 보이지 않는 기도의 힘을 믿는 사람, 자투리 시간도 아껴 쓰는 사람, 지혜로운 언어를 선택하며 남을 배려하는 사랑의 사람이 될 수 있도록 노력하겠습니다. 생전에 그렇게도 많이 남기고 가신 강의에서, 책에서 우리는 그리운 선생님을 만날 것입니다.

제가 좋아하는 정호승 시인의 〈봄길〉이라는 시를 선생님을 사랑하던 친지들과 같이 읽고 싶습니다. 이 세상에서 최선을 다하셨던 사랑의 수고에 깊이 감사드리며 봄길이 되어 떠나신 선생님의 영전에 향기 가득한 기도의 꽃 한 송이 놓아 둡니다.

길이 끝나는 곳에서도
길이 있다
길이 끝나는 곳에서도
길이 되는 사람이 있다

스스로 봄길이 되어
끝없이 걸어가는 사람이 있다

강물은 흐르다가 멈추고
새들은 날아가 돌아오지 않고
하늘과 땅 사이의 모든 꽃잎은 흩어져도

보라
사랑이 끝난 곳에서도
사랑으로 남아 있는 사람이 있다

스스로 사랑이 되어
한없이 봄길을 걸어가는 사람이 있다

《십대들의 쪽지》 2010년 봄호

법정 스님

물처럼 바람처럼…… 법정 스님께

언제 한번 스님을 꼭 뵈어야겠다고 벼르는 사이 저도 많이 아프게 되었고 스님도 많이 편찮으시다더니 기어이 이렇게 먼저 먼 길을 떠나셨네요.

지난 2월 중순, 스님의 조카스님으로부터 스님께서 많이 야위셨다는 말씀을 듣고 제 슬픔은 한층 더 깊고 무거워졌더랬습니다. 평소에 스님을 직접 뵙진 못해도 스님의 청정한 글들을 통해 우리는 얼마나 큰 기쁨을 누렸는지요! 우리나라 온 국민이 다 스님의 글로 위로받고 평화를 누리며 행복해했습니다. 웬만한 집에는 다 스님의 책이 꽂혀 있고 개인적 친분이 있는 분들은 스님의 글씨를 표구하여 걸어 놓곤 했습니다.

이제 다시는 스님의 그 모습을 뵐 수 없음을, 새로운 글을 만날 수 없음을 슬퍼합니다.

"야단맞고 싶으면 언제라도 나에게 오라."고 하시던 스님.

스님의 표현대로 '현품대조'한 지 꽤나 오래되었다고 하시던 스님.

때로는 다정한 삼촌처럼, 때로는 엄격한 오라버님처럼 늘 제 곁에 가까이 계셨던 스님.

감정을 절제해야 하는 수행자라지만 이별의 인간적인 슬픔은 감당이 잘 안 되네요. 어떤 말로도 마음의 빛깔을 표현하기 힘드네요.

사실 그동안 여러 가지로 조심스러워 편지도 안 하고 뵐 수 있는 기회도 일부러 피하면서 살았던 저입니다. 아주 오래전 고(故) 정채봉님과의 텔레비전 대담에서 스님은 '어느 산길에서 만난 한 수녀님'이 잠시 마음을 흔들던 젊은 시절이 있었다는 고백을 하신 일이 있었지요. 전 그 시절 스님을 알지도 못했는데 그 사람이 바로 수녀님 아니냐며 항의 아닌 항의를 하는 불자들도 있었고, 암튼 저로서는 억울한 오해를 더러 받았답니다.

1977년 여름, 스님께서 제게 보내주신 구름모음 그림책도 다시 들여다봅니다. 오래전 스님과 함께 광안리 바닷가에서 조가비를 줍던 기억도. 단감 스무 개를 사 들고 저의 언니수녀님이 계신 가르멜 수녀원을 방문했던 기억도 새롭습니다.

"어린왕자의 촌수로 따지면 우리는 친구입니다."

《민들레의 영토》를 읽으신 스님의 편지를 받은 그 이후 우리는 나이 차이를 뛰어넘어 그저 물처럼 구름처럼 바람처럼 담백하고도 아름답고 정겨운 도반이었습니다. 주로 자연과 음악과 좋은 책에 대한 의견을 많이 나누는 벗이었습니다.

"……구름 수녀님

올해는 스님들이 많이 떠나는데 언젠가 내 차례도 올 것입니다. 죽음은 지극히 자연스런 생명 현상이기 때문에 겸허히 받아들일 수 있어야 할 것 같습니다. 그날그날 헛되이 살지 않으면 좋은 삶이 될 것입니다.

……한밤중에 일어나 (기침이 아니면 누가 이런 시각에 나를 깨워 주

겠어요.) 벽에 기대어 얼음 풀린 개울물 소리에 귀를 기울이고 있으면 이 자리가 곧 정토요 별천지임을 그때마다 고맙게 누립니다……."

2003년에 제게 주신 글을 다시 읽어 봅니다. 어쩌다 산으로 가끔 새 우표를 보내드리면 마음이 푸른 하늘처럼 부풀어오른다며 즐거워하셨지요. 바다가 그립다고 하셨지요. 수녀의 조촐한 정성을 늘 받기만 하는 것 같아 미안하다고도 하셨습니다.

누군가 중간 역할을 잘못한 일로 제게 편지로 크게 역정을 내시어 저도 항의편지를 보냈더니 미안하다 하시며 그런 일을 통해 우리의 우정이 더 튼튼해지길 바란다고. 가까이 있으면 가볍게 안아 주며 상처받은 맘을 토닥이고 싶다고. 언제 같이 달맞이꽃 피는 모습을 보게 불일암에서 꼭 만나자고 하셨습니다.

이젠 어디로 갈까요, 스님.

스님을 못 잊고 그리워하는 이들의 가슴 속에 자비의 하얀 연꽃으로 피어나십시오. 부처님의 미소를 닮은 둥근달로 떠오르십시오.

《동아일보》 2010. 3. 10.

이태석 신부

사랑의 눈물 속에 불러보는 이름

이태석 신부 선종 100일 후에

아직은 눈물 없이 당신을 기억할 수가 없네요.

이 세상을 떠나서 더 넓고 깊은 사랑받으시며 많은 이의 가슴속에, 삶 속에 빛나는 보석으로 다시 살아오시는 태석 신부님, 요한 신부님, 쫄리 신부님…….

2010년 4월 11일 당신의 삶을 단편적으로 조명한 〈울지마, 톤즈〉 방송을 보며 눈물 흘리는 사람들을 보셨는지요. 하염없이 울면서 가슴을 치면서 당신을 왜 빨리 모셔갔냐며 하늘을 원망하는 이들의 안타까운 한숨 소리 들으셨는지요.

사랑이 너무 많아 도무지 자신을 돌볼 틈이 없던 아름답고도 어리석은 사제. 재능이 너무 많아 나눌 것은 넘치고 하루 스물네 시간이 모자라 밤낮의 피곤함도 잊어버리고 하루를 일생처럼 치열하게 살았던 당신. 다른 이의 병을 고쳐 주는 의사이면서 자신의 병은 고치지 못한 바보였던 당신. 투병 중엔 고통을 특은이라 말할 수 있는 거룩한 현자였던 당신…….

수단의 가난한 이들을 위해, 톤즈의 해맑은 청소년들을 위해 현지인과 똑같이 적응하려 애쓰며 부서지고 부서진 그 사랑은 이제 더욱 빛나는 슬픔이 되어 모든 이를 하나로 모이게 하네요. 자신만을 위하여 안일하고 이기적으로 사는 삶은 더 이상 바람직한 삶이 아니라고 침묵으로 강하게 소리치고 계시네요.

불러도 대답 없으신 이태석 신부님, 아아 우리 신부님!
이웃 향한 그 헌신적인 삶을 보고 종교를 싫어하던 사람들도 "하느님은 계시다!"며 따뜻한 믿음의 눈길을 보내고, 어지럽고 혼탁한 세상 가운데 살기 싫다 절망했던 이들은 신부님의 조건 없는 사랑에서 희망을 보았다며 환한 웃음을 띠고, 자신의 성 안에만 어둡게 갇혀 있던 이들은 마음 문 활짝 열어 이웃에게 나눔의 삶, 도움의 손길 펴는 사랑의 사람이 되겠다는 결심을 하니 이 얼마나 놀라운 기적입니까. 이 얼마나 새로운 기쁨입니까.

죽었다가 부활하신 예수님처럼 당신이 우리에게 몸으로 다시 살아오진 못할지라도 별 같은 기도로, 영혼으로 성인들의 통공 속에 함께 계셔 주십시오. 임종 직전에 '모든 일이 잘 될 거야.'라고 하셨다지요. 당신을 그리워하는 이들이 오늘도 이렇게 한데 모여 애틋하고 간절한 마음으로 고백합니다.
"보고 싶다고, 사랑한다고, 감사한다고……."

지상에서 못다 이루신 일들 우리가 정성과 뜻을 모아 마저 할 테니 걱정 마시고 편히 쉬시라고 푸른 하늘 향해 두 손 모읍니다.

그러나 아직은 눈물 없이 당신을 기억할 수가 없네요.

당신의 끝없는 희생이 낳아 준 사랑의 눈물 속에 오늘도 기도합니다.

영원한 안식을 누리소서.

사랑과 사랑을 이어 주는 평화의 화음으로, 천상의 음악으로

다시 살아오소서, 우리에게.

2010. 4. 25.

박완서 작가

많은 추억은 많이 울게 하네요!

박완서 선생님을 그리며

 문학은 삶에 대한 감사함이라고 일러주신 선생님, 꿈에서라도 다시 뵙고 싶은 그리운 선생님, 선생님을 보내드리는 고별식에 참석하고 하관예절까지 다 지켜보고 왔는데도 이 세상에 안 계시다는 것이 실감되질 않네요. 제 방에 수북이 쌓아 둔 각종 일간지에 선생님의 웃는 얼굴이 실린 기사를 보면서도 '이분이 왜 여기 계실까?' 의아합니다. 추억이 많은 그만큼 눈물도 그치지가 않습니다.
 새로 고친 우리 수녀원 '언덕방' 객실에 봄이 오면 다시 오시기로 하였는데……. 이 책 《꽃이 지고 나면 잎이 보이듯이》 출간 기념으로 멋진 글도 몇 줄 얹어 주시기로 했는데……. 올해 안으로 함께 여행하며 공동 특강도 하기로 했는데……. 이 모든 약속 다 뒤로하고 서둘러 떠나시다니요. 방사선 치료를 받으시며 "해인 수녀도 힘들었겠다."는 말씀을 몇 번이나 하셨다지요.
 몇 달간 선생님의 투병 사실조차 몰랐던 사람들은 어느 날 갑자기 발표된 부음을 듣고 얼마나 더 놀랐을까요. 허전한 마음 달래려고 책방으로 달려가는 이들의 모습이 참 고맙고도 애틋하게 여겨집니다. 이렇게 일찍 선생님을 배웅하게 될 줄 알았으면 좀 더 자주 찾아뵈올걸, 좀 더 자주 편지도 드릴걸……. 아쉬운 일이 한두 가지가 아닙니다.

언젠가 선생님이 신문에 실린 제 글을 보고 반갑다며 보내주신 이메일을 다시 읽어봅니다.

이해인 수녀님,

아침 신문에서 봄꽃편지 보고 수녀님 뵌 듯하여 메일로 몇 자 적습니다.

그동안 너무 격조했습니다.

분다 수녀님 부음 듣고 너무 슬펐지만 부활절 전후해서 갑자기 방문해서 수녀님도 놀래켜 드리고 분다 수녀님 영전에도 꽃다발을 바칠 요량으로 묵묵부답으로 있었는데, 그게 뜻대로 안 되고 부활절은 내일모레로 다가왔습니다. 게으르고 우유부단하여 정말 하고 싶은 일, 해야 할 일에는 틈을 못 내고 삽니다. 이렇게 살지 말아야지 결심은 잘하는데 언제부터 그럴 것인지는 딱 부러지게 결단을 못 내리고 타성대로 사니 딱한 노릇입니다.

올해는 봄이 늦어 그곳 봄소식이 더욱 반가웠습니다. 우리 마당에는 며칠 전에 겨우 복수초가 피었고, 수선화는 땅에서 잎이 이제 겨우 5센티 정도 올라왔으니 언제 필지 모르겠습니다. 그래도 언 땅을 뚫고 올라온 푸르고 연한 잎이 반갑기만 합니다. 그런 하찮은 것들이 저에게 부활을 믿는 기쁨을 일깨워 주니 크나큰 축복이지요.

수녀님, 부활 축하드립니다.

좀 더 따뜻해진 후에 정말로 불쑥 찾아가겠습니다.

2005. 3. 25 오후 박완서

글에서도 삶에서도 늘 부족하고 미흡하기 그지없는 저를 그토록 알뜰히 챙겨 주셨던 선생님, 당신의 신간을 제게 증정하실 적엔 서명과 함께 '사랑합니다'라는 글귀를 꼭 넣어 주셨던 선생님, 재작년 가을엔 3박 4일, 작년 봄에는 2박 3일 저를 방문하여 놀래켜 주시고 즐겁게 해주신 것 잊지 못합니다. 우리는 태종대 바닷가에서 관광순환열차를 타며 동심으로 돌아갔고, 맛있는 것도 먹고, 저의 언니 수녀님이 계신 밀양의 가르멜 수녀원에도 갔었습니다.

우리 집에 묵으시며 수녀들의 기도 소리가 전에 없는 새로운 감동을 준다고 고백하셨지요. 수녀들이 좋아하는 것 소문으로 들어 안다며 우리에게 자장면, 짬뽕, 탕수육을 사주며 즐거워하셨지요. 여행길의 러시아에서는 민들레를 보니 수녀님 생각이 난다며 글을 주셨고, 잠시 영국에 머무실 적엔 편지와 같이 워즈워드의 시 〈수선화〉가 새겨진 고운 접시를 선물로 사다 주시기도 하셨습니다.

어쩌다 댁을 방문하면 책은 물론 검은 목도리, 얼굴에 바르는 크림, 손수건 같은 것도 주시고 또 가끔은 기도해달라는 명분을 앞세워 용돈이 든 봉투를 주시기도 했어요. 제가 서울의 어느 성당에서 제법 큰 규모의 특강을 한 일이 있는데 먼 길을 마다 않고 오시어 겸손한 자세로 수강을 하시던 선생님, 제가 수술 후 입원했을 땐 따님과 같이 약밥을 만들어 한걸음에 달려오셨던 선생님, 병석의 저를 대신하여 초대된 성당에서 특강 사례비로 받아오신 봉투를 저에게 내밀며 "수녀님 대신 내가 간 것이니 당연히 나누어야 한다."며 유쾌한 웃음 속에 건네주신 기억도 새롭습니다.

　월간지와 일간지에 연재된 〈도시의 흉년〉, 〈휘청거리는 오후〉 등을 읽으면서 저는 선생님의 그 막힘없고 거침없이 솔직한 문장의 생동감에 매료되었습니다. 꼭 뵙고 싶은 분이기도 했지요.

　1985년 제가 《여성동아》 대상을 수상할 당시만 해도 저는 선생님과 개인적 친분이 없었고 심사위원이 박완서라는 그 사실만 갖고도 가슴이 뛰었답니다. 작가 최인호 님이 이상문학상을 수상할 적에 먼 발치에서 선생님을 처음으로 뵐 수 있었지요. 그러다가 제44차 세계성체대회 일로 제가 서울에 있으며 회보에 원고청탁을 한 것을 계기로 우리는 아름답고 따뜻한 우정을 이어가기 시작했습니다.

　"퍽도 조용하고 차분한 분위기를 지닌 선생님이 어쩌면 그렇게 당당하고 힘찬 글을 쓰고 수많은 말들을 쏟아낼 수 있는지 신기하고 궁금해요." 하니 "그건 아마 내 성격상으로도 겉으로보다는 안으로 접어 두었던 말이 더 많으니 글을 쓸 땐 한꺼번에 마음 놓고 풀려나오는 모양이지요." 하며 웃으신 일도 생각납니다.

　1988년에는 선생님의 부군되시는 호영진 님을 문병하기도 했고, 의사 아드님이 일하는 병원에 간 일도 있습니다. 그해 5월과 8월에 사랑하는 두 분을 동시에 하늘나라로 보내고 슬픔의 절정에서 가슴을 치고 계신 선생님 곁에 제가 작은 몫의 위로자와 기도자의 역할을 할 수 있었던 것을 지금도 소중하고 특별한 인연으로 여기고 있습니다.

　사랑하는 아드님의 모습으로 가득한 앨범을 제게 보여 주시며 "수녀님, 제가 젊으면 이런 아들 또 하나 다시 낳고 싶단 말이에요!"라고 탄식하시던 선생님을 저는 다만 며칠이라도 수녀원 객실에 혼자 계시게 하고 싶어 권유를 하였고, 선생님은 순순히 제 말을 따랐습니다. 너무 힘들어 쓰다가 연재를 중단하시긴 했으나 《한 말씀만 하소서》의 산실이 된 언덕방 1호실은 그 이후로 선생님의 고향 같은 방이 되었지요.

눈물 없인 읽을 수가 없는 책이라 그냥 덮어 두기만 했던 것을 선생님께서 떠나신 지금은 다시 한번 찬찬히 읽어 보려 합니다. 홀연히 떠나시고 나니 온 국민이 다 슬퍼할 만큼 많은 존경과 사랑을 받으신 우리 선생님, 선생님을 알고 지낸 날들을 저도 새롭게 감사드립니다.

2005년 가을 선생님이 저의 첫 시집 《민들레의 영토》 30주년 조촐한 기념식에서 읽으셨던 글을 다시 읽어 보며 곧 매화가 피어날 광안리 수녀원 정원에서 눈물 어린 기도를 바칩니다. 언젠가는 저도 가야 할 영원의 그 나라에서 부디 편히 쉬십시오. 행복하십시오.

(……)

《민들레의 영토》가 출간된 지 30년이 됐다는 소식을 접하면서 제가 수녀님을 알고 지낸 지 몇 년이 되었나 새삼스럽게 꼽아 보니 어쩔 수 없이 그 힘들었던 1988년이 기점이 되는군요.

1988년을 생각하면 자다가도 '아' 소리가 나올 적이 있을 만큼 아직도 생생하고 예리하게 가슴이 아픕니다. 그러나 수녀님이 가까이 계시어 분도수녀원으로 저를 인도해 주신 것은 그래도 살아 보라는 하느님의 뜻이 아니었을까 늘 생각하고 있습니다.

그때 저는 하느님은 과연 계실까, 죽은 후에 영혼이 갈 곳이 있기나 있나, 죽으면 먼저 간 사람을 만날 수 있을까? 온통 사후 세계 저 하늘나라 일에만 가 있었습니다. 그런 저에게 수녀님의 존재, 수녀님의 문학은 제가 이 지상에 속해 있다는 걸 가르쳐 주셨습니다. 죽어서 어떻게 될지는 죽어 보면 알 게 아니냐, 땅을 보아라, 땅에서 가장 작은 것부터 민들레를, 제비꽃을, 봄까치꽃을……. 마치 걸음마를 배우듯이 가장 미소한 것의 아름다움에서 기쁨을 느끼는 법을 배웠습니다.

제가 지상에 속했고, 여러 착하고 아름다운 분들과 동행할 수 있는 기쁨을 저에게 가르쳐 준 수녀님 감사합니다!　　　　2005. 11. 12. 박완서

《현대문학》 2011년 3월호

수선화 핀 수녀원 잔디밭에서

부산은 내 고향 같은 곳이 되었습니다. 수녀님과 본도수녀원이 있기 때문입니다. 늘 거기 계세요. 2010. 8.18 박완서

● 닫는 글

2010. 7. 12. 시 치료 워크숍에서 쓴 즉흥시

여정

태어나면서부터
나는 순례자

강원도의 높은 산과
낮은 호숫가 사이에 태어났으니
나의 여정은 하루하루
산을 오르는 것과 같았고
물 위를 걷는 것과 같았네

지금은
내 몸이 많이 아파
삶이 더욱 무거워졌지만
내 마음은
산으로 가는 바람처럼
호수 위를 나르는 흰 새처럼
가볍기만 하네

세상 여정 마치기 전
꼭 한 번 말하리라
길 위에서 만났던 모든 이에게
가만히 손 흔들며 말하리라

많이 울어야 할 순간들도
사랑으로 받아 안아
행복했다고
고마웠다고
아름다웠다고……

**꽃이
지고 나면
잎이
보이듯이**

1판 1쇄 발행 2011년 4월 11일
1판 46쇄 발행 2025년 7월 29일

지은이 이해인
그린이 황규백
펴낸이 김성구

콘텐츠본부 고혁 양지하 김초록 이은주 류다경
디자인 이영민
마케팅부 송영우 김지희 강소희

펴낸곳 ㈜샘터사
등록 2001년 10월 15일 제1-2923호
주소 서울시 종로구 창경궁로35길 26 2층 (03076)
전화 1877-8941 **팩스** 02-3672-1873
이메일 book@isamtoh.com **홈페이지** www.isamtoh.com

ⓒ 이해인, 2011, Printed in Korea.

이 책은 저작권법에 따라 보호를 받는 저작물이므로 무단 전재와 복제를 금지하며,
이 책 내용의 전부 또는 일부를 이용하려면 반드시 저작권자와 ㈜샘터사의 서면 동의를 받아야 합니다.

ISBN 978-89-464-1803-5 03810

값은 뒤표지에 있습니다.
잘못 만들어진 책은 구입처에서 교환해 드립니다.